Ein Weihnachtsabend
mit Hans Christian Andersen

Ein Weihnachtsabend mit Hans Christian Andersen

Reclam

RECLAMS UNIVERSAL-BIBLIOTHEK Nr. 14207
2021 Philipp Reclam jun. Verlag GmbH,
Siemensstraße 32, 71254 Ditzingen
info@reclam.de
Umschlaggestaltung: zero-media.net
Umschlagabbildung: Andreas Schelfhout: A Frozen Canal Near the River Maas (1867) – © mauritius images / Old Visuals
Schmuckelemente: © shutterstock / Nadezhda Molkentin
Druck und Bindung: Elanders Waiblingen GmbH,
Anton-Schmidt-Straße 15, 71332 Waiblingen
Printed in Germany 2025
RECLAM, UNIVERSAL-BIBLIOTHEK und
RECLAMS UNIVERSAL-BIBLIOTHEK sind eingetragene Marken der Philipp Reclam jun. GmbH & Co. KG, Stuttgart
ISBN 978-3-15-014207-3
reclam.de

Inhalt

Hans Christian Andersen

Weihnachten mit Andersen

Ein Weihnachtsfest ohne Märchen? Unvorstellbar! Der dänische Dichter Hans Christian Andersen (1805–1875) schrieb insgesamt 168 Märchen, die heute aus der Weltliteratur nicht wegzudenken sind. Sie machten ihn zum wohl bekanntesten dänischen Schriftsteller. Sein Weg zum Erfolg war jedoch lang und steinig, denn Andersens Familie lebte in großer Armut. Sein Vater war Schuhmacher, seine Mutter Wäscherin, und aufgrund der Geldnot konnten sie ihrem Sohn den Schulbesuch nicht finanzieren. Nach dem Tod seines Vaters wendete sich jedoch das Blatt für den damals 14-Jährigen: Er beschloss, nach Kopenhagen zu ziehen, um dort als Schauspieler zu arbeiten. Nach anfänglichen Schwierigkeiten nahm der Direktor des königlichen Theaters Andersen in sein Haus auf und ermöglichte ihm, mit Unterstützung König Friedrichs VI. von Dänemark, den Besuch einer Lateinschule und später der Universität. In dieser Zeit begann Andersen erste Gedichte und Dramen zu schreiben. 1831 entdeckte er seine Leidenschaft fürs Reisen. Er besuchte eine Vielzahl an Ländern, von Deutschland über Italien und Portugal bis hin zum Osmanischen Reich. Die Einflüsse anderer Kulturen und Menschen inspirierten ihn – und so entstanden unvergessliche Märchen wie »Die Schneekönigin«, »Die Prinzessin auf der Erbse« oder »Des Kaisers neue Kleider«. Trotz aller Höhen und Tiefen führte Andersen ein überaus zufriedenes Leben: »Mein Leben ist ein schönes Märchen, so reich, so überaus glücklich! [...] Die Geschichte meines Lebens wird der Welt das Nämliche sagen, was sie mir sagt: Es gibt einen liebevollen Gott, der alles zum Besten führt.« Wie schön, dass er seine Glückseligkeit mit uns geteilt und uns seine Märchen geschenkt hat.

Höher und höher flogen sie hinauf, näher zu Gott und den Engeln; da zitterte der Spiegel so fürchterlich in seinem Grinsen, dass er ihnen aus den Händen fuhr und zur Erde hinunterstürzte, wo er in hunderte von Millionen, Billionen und noch mehr Stücke ging, und gerade so brachte er noch viel größeres Unglück als vorher.

Die Schneekönigin

Schneegestöber

Der arme Kay, er hatte auch so ein Körnchen geradewegs ins Herz bekommen. Bald würde es wie ein Eisblock sein Nun tat es nicht mehr weh, aber es war da.

Die Schneekönigin

Der Schneemann

»Ah wie das in mir knackt, so wunderbar kalt ist es!«, sagte der Schneemann. »Der Wind beißt einem so richtig Leben ein! Und die Glotzerin da, ah wie die glotzt!«, es war die Sonne, die er meinte; sie ging gerade unter. »Die kriegt mich nicht zum Blinzeln, ich kann meine Brocken noch bei mir behalten!«

Es waren zwei große, dreieckige Dachziegelbrocken, die er als Augen hatte; der Mund war ein Stück von einer alten Harke, darum hatte er Zähne.

Er war unter den Hurrarufen der Jungen zur Welt gekommen und begrüßt worden vom Schellenklang und Peitschenknall von den Schlitten.

Die Sonne ging unter, der Vollmond ging auf, rund und groß, klar und schön in der blauen Luft.

»Da haben wir sie ja schon wieder, von der anderen Seite her!«, sagte der Schneemann. Er meinte, es wäre die Sonne, die sich wieder zeigte. »Das mit dem Glotzen hab ich ihr abgewöhnt! Jetzt kann sie da hängen und Licht machen, damit ich mich selber sehen kann. Wenn ich nur wüsste, wie man es anstellt, sich von der Stelle zu bewegen! Ich würde mich so gern von der Stelle bewegen! Wenn ich das könnte, würde ich jetzt unten auf dem Eis Schlittschuh laufen, wie es die Jungen gemacht haben; aber ich weiß nicht, wie man läuft!«

»Weg! Weg!«, kläffte der alte Kettenhund; er war etwas heiser, das war er schon, seit er ein Haushund gewesen war und unterm Kachelofen gelegen hatte. »Die Sonne wird dir das Laufen schon beibringen! Ich hab's bei deinem Vorgänger gesehen, im letzten Jahr, und bei seinem Vorgänger auch; weg! weg! Und weg sind sie alle!«

»Ich versteh dich nicht, Kamerad!«, sagte der Schneemann; »soll etwa *der* da oben mir das Laufen beibringen?« Er meinte den Mond; »ja, die von vorhin ist allerdings gelaufen, als ich sie starr angeguckt habe, jetzt schleicht sie sich von hinten wieder heran!«

»Du hast keine Ahnung!«, sagte der Kettenhund, »aber dich haben sie ja auch gerade erst zusammengekleistert! Was du da jetzt siehst, nennt man Mond, und was weggegangen ist, war die Sonne, morgen früh kommt sie wieder und bringt dir schon noch das Laufen bei, geradewegs in den Wallgraben. Wir kriegen anderes Wetter, das fühle ich in meinem linken Hinterbein, das zieht so. Wir kriegen anderes Wetter!«

»Ich versteh ihn nicht!«, sagte der Schneemann, »aber es kommt mir vor, als wäre es was Unangenehmes, was er sagt. Und diese, die da so geglotzt hat und untergegangen ist, die er Sonne nennt, die ist auch nicht meine Freundin, das hab ich im Gefühl!«

»Weg! Weg!« kläffte der Kettenhund, drehte sich dreimal um sich selber und legte sich dann in seinem Haus schlafen.

Es kam wirklich anderes Wetter. Ein Nebel, ganz dick und klamm, legte sich am frühen Morgen über die ganze Gegend; im Morgengrauen frischte es auf; der Wind war so eisig, der Frost packte richtig zu, aber was war es für ein Anblick, als die Sonne aufging! Alle Bäume und Sträucher waren von Raureif überzogen; es war ein ganzer Wald aus weißen Korallen, es war als wären alle Zweige mit leuchtend weißen Blüten bestreut. Die unendlich vielen und feinen Verästelungen, die man im Sommer vor lauter Blättern nicht sieht, kamen nun alle, alle zum Vorschein; es war wie geklöppelte Spitzen und ganz schimmernd weiß, als strömte ein weißer Glanz aus jedem Zweig. Die Hängebirke bewegte sich im Wind, es war Leben in ihr wie in den Bäumen des Sommers; es war eine unvergleichliche Schönheit! Und als die Sonne dann schien, nein wie funkelte das Ganze, als wäre es mit Diamantenstaub bepudert und als glitzerten die großen Diamanten hin über die Schneedecke der ganzen Erde, man hätte auch glauben können, dass unzählige winzige Lichtlein angezündet wären, weißer noch als der weiße Schnee.

»Das *ist* eine unvergleichliche Schönheit!«, sagte ein junges Mädchen, das mit einem jungen Mann in den Garten hinaustrat und gerade beim Schneemann stehenblieb, von wo aus sie zu den glitzernden Bäumen hinaufsahen. »Etwas Schöneres bekommt man im Sommer nicht zu sehen!«, sagte sie, und ihre Augen strahlten.

»Und so einen Kerl wie den hier gibt's dann schon gar nicht!«, sagte der junge Mann und zeigte auf den Schneemann. »Der ist großartig!«

Das junge Mädchen lachte, nickte dem Schneemann zu und tanzte dann mit ihrem Freund über den Schnee, das knirschte unter ihnen, als liefen sie über gestärkte Laken.

»Wer waren denn die beiden?«, fragte der Schneemann den Kettenhund. »Du bist länger auf dem Hof als ich, kennst du die?«

»Das tu ich!«, sagte der Kettenhund. »Sie hat mich ja gestreichelt, und er hat mir einen Knochen mit Fleisch dran gegeben; die beiß ich nicht!«

»Aber was sind das hier für Leute?«, fragte der Schneemann.

»Verrr-liebte!«, sagte der Kettenhund. »Die ziehen in ihre Hundehütte und nagen die Knochen zusammen ab. Weg! Weg!«

»Sind die zwei genauso bedeutend wie du und ich?«, fragte der Schneemann.

»Die gehören ja zur Herrschaft!«, sagte der Kettenhund. »Aber man weiß ja so wenig, wenn man erst gestern zur Welt gekommen ist! Das merk ich dir schon an! Ich habe das Alter und die Erfahrung, ich kenne alle hier auf dem Hof! Und ich habe eine Zeit gekannt, da stand ich noch nicht hier draußen in der Kälte in Ketten; weg! Weg!«

»Kälte ist herrlich!«, sagte der Schneemann. »Erzähl, erzähl! Aber du darfst nicht so mit den Kesseln rasseln, dann knackt es in mir!«

»Weg! Weg!«, kläffte der Kettenhund. »Welpe war ich; klein und süß, sagten alle, da lag ich in einem Samtsessel da drin im Herrenhaus, lag bei der obersten Herrschaft im Schoß; kriegte Küsse aufs Maul und die Pfoten gewischt, mit einem gestickten Taschentuch; ich hieß ›der Schönste‹ und ›Butzi-tatzi‹, aber dann wurde ich ihnen zu groß! Da gaben sie mich der Haushälterin; ich kam in den Keller! Du kannst hineinsehen von da aus, wo du stehst; du kannst in die Kammer gucken, in der ich die Herrschaft war; das war ich nämlich bei der Haushälterin. Das war wohl ein schlechterer Platz als ein Stockwerk höher, aber dafür gemütlicher; ich wurde nicht ständig von Kindern gedrückt und herumgetragen wie oben. Ich hatte genauso gutes Futter wie vorher, nur viel mehr! Ich hatte mein eigenes Kissen, und dann war da ein Kachelofen, das war zu der Zeit der schönste auf der ganzen Welt! Ich kroch so tief darunter, dass ich ganz verschwunden war. Oh, von dem Kachelofen träum ich immer noch; weg! Weg!«

»Sieht ein Kachelofen so schön aus?«, fragte der Schneemann. »So wie ich?«

»Der ist genau das Gegenteil von dir! Pechschwarz ist der! Er hat einen langen Hals mit einer Messingtrommel. Der frisst Brennholz, bis ihm das Feuer aus dem Mund schlägt. Man muss sich etwas seitlich davon halten, dicht dran und unten drunter, das ist eine unendliche Gemütlichkeit! Du müsstest ihn eigentlich durchs Fenster sehen können, von da wo du stehst!«

Und der Schneemann sah, und wirklich sah er einen blankpolierten Gegenstand mit Messingtrommel; das Feuer leuchtete unten heraus. Dem Schneemann wurde es ganz wunderlich zumute; er hatte ein Gefühl, das er sich selber nicht erklären konnte; es überkam ihn etwas, das er nicht kannte, das aber alle Menschen kennen, sofern sie keine Schneemänner sind.

»Und warum hast du sie verlassen?«, fragte der Schneemann. Er hatte das Gefühl, es müsste ein weibliches Wesen sein. »Wie konntest du bloß so einen Platz verlassen?«

»Dazu war ich sozusagen gezwungen!«, sagte der Kettenhund. »Sie haben mich rausgeworfen und mich hier angekettet. Ich hatte den jüngsten Junker in die Haxe gebissen, weil er mir die Haxe weggestoßen hatte, an der ich gerade kaute; und Haxe um Haxe, denke ich! Aber das haben sie übel aufgenommen, und seit der Zeit steh ich hier in Ketten, und meine klare Stimme hab ich auch verloren, hör nur wie heiser ich bin: weg! Weg! Das war das Ende vom Lied!«

Der Schneemann hörte nicht mehr zu; er schaute fortwährend in den Keller der Haushälterin, hinunter in ihre gute Stube, wo der Kachelofen auf seinen vier Eisenbeinen stand und genauso groß zu sein schien wie der Schneemann selber.

»Das knackt so sonderbar in mir!«, sagte er. »Werde ich denn nie da hineinkommen? Das ist ein unschuldiger Wunsch, und unsere unschuldigen Wünsche müssen doch bestimmt in Erfüllung gehen. Das ist mein größter Wunsch, mein einziger Wunsch, und es wäre beinahe ungerecht, wenn der nicht in Erfüllung ginge. Ich muss da hinein, ich muss mich zu ihr hinunterbeugen, und wenn ich dabei das Fenster eindrücke!«

»Da kommst du niemals rein!«, sagte der Kettenhund. »Und kommst du zum Kachelofen, dann bist du weg! weg!«

»Ich bin ja schon so gut wie weg!«, sagte der Schneemann. »Ich glaub, ich breche durch!«

Den ganzen Tag stand der Schneemann da und schaute zum Fenster hinein; in der Dunkelheit wurde die Stube noch einladender; vom Kachelofen leuchtete es so milde herüber, wie der Mond nicht leuchtet und die Sonne schon gar nicht, nein, wie nur ein Kachelofen leuchten kann, wenn etwas in ihm steckt. Wenn sie die Türe auf- und zumachten, schlug die Lohe heraus, das war so eine Angewohnheit; dann glühte es im weißen Gesicht des Schneemanns richtig rot auf, es leuchtete rot bis hinunter zur Brust.

»Ich halt das nicht aus!«, sagte er. »O wie gut ihr das steht, wenn sie die Zunge herausstreckt!«

Die Nacht war sehr lang, aber nicht für den Schneemann,

er stand in seine eigenen schönen Gedanken versunken, und die froren, dass es knackte.

Am frühen Morgen waren die Kellerfenster zugefroren, sie trugen die schönsten Eisblumen, die man als Schneemann nur verlangen konnte, aber sie verbargen den Kachelofen. Das Fensterglas wollte nicht abtauen, er konnte sie nicht sehen. Das knackte, das knirschte, das war ein Frostwetter ganz nach dem Geschmack eines Schneemanns, aber es machte ihm keinen Spaß; er könnte und sollte sich so glücklich fühlen, aber er war nicht glücklich, ihn hatte die Kachelofensehnsucht gepackt.

»Das ist eine schlimme Krankheit für einen Schneemann!«, sagte der Kettenhund. »Mich hat's auch ein bisschen erwischt, aber ich hab's überstanden! Weg! Weg! – Und jetzt kriegen wir anderes Wetter!«

Und es kam anderes Wetter, es schlug in Tauwetter um.

Das Tauwetter nahm zu, der Schneemann nahm ab. Er sagte kein Wort, er klagte nicht, und das ist das richtige Zeichen.

Eines Morgens fiel er um. Da ragte etwas wie ein Besenstiel in die Luft, wo er gestanden hatte, daran hatten die Jungen ihn aufgebaut.

»Jetzt versteh ich das mit seiner Sehnsucht!«, sagte der Kettenhund. »Der Schneemann hatte einen Ofenschaber im Leib! Das war es, was sich in ihm gerührt hat, jetzt ist das überstanden; weg! weg!«

Und bald war auch der Winter überstanden.

»Weg! Weg!«, kläffte der Kettenhund; aber die kleinen Mädchen auf dem Hof sangen:

»Waldmeister komm! Und dufte schön,
Du Weide lass die Kätzchen sehn,
Komm Lerche, sing, denn dieses Jahr
Ist Frühling schon im Februar!
Ich singe mit, kuckuck! piep-piep!
Komm schein auf uns, du Sonne lieb!«

Da denkt keiner an den Schneemann!

Novemberphantasien

Öde Heide an Jütlands Westküste. Es ist Nacht und Mondschein; Wolken ziehen über das wildschäumende Meer. Eine Schar böser Geister erscheint und lagert sich im Sande.

DER ERSTE

SEINEN Thron hat hier November:
Ei, der Tanzplatz ist vortrefflich!
Sturm und Wellen spielen auf.
Wie die Brandung lustig heulet
Durch des Wirbelwindes Sausen!
Lasst uns miteinander plaudern
Von den nächtlich schwarzen Taten.

DER ZWEITE

HIER ist meine Lieblingsstelle,
Hört von ihr die lust'ge Mär,
Seht ihr dort den losen Triebsand?
Ein'ge Jahre sind verflossen, –
War wie jetzt, grad' im November –
Als ein muntrer Brautzug nahte;
Klarinetten und Oboen
Schallten jubelnd von dem Wagen,
Drauf die Braut, so jung und lieblich,
Saß mit Seidenband im Haare.
Doch ich hüllte sie in Nebel:
Hier versanken sie im Sande.

[...]

DIE BÖSEN GEISTER
FÜRCHTERLICHE Schreckentöne!
Kommt! Wir wollen auf des Sturmes
Fittig brausen in der Nacht.
Aber vorher lasst uns schweben
Nach dem Meere; aus der Welle
Saugen wir den Nebel, hauchen
Ihn rings um die Küste aus,
Dass der stolze Seemann bebe.
Und dann gehe jeder einzeln
Aus auf neue Abenteuer.

[...]
Sie verschwinden.
Ein Schiff kämpft im Sturm mit der Brandung.

DER KAPITÄN *Befehle erteilend*
Drittes Riff gesetzt! – Zieht das Marssegel ein! –
Ha, alle Teufel, welche Nacht!
Schrei der Passagiere.

DER KAPITÄN
Räumt das Verdeck! – Zum Henker, welcher Nebel! –
Holla, aufgepasst! – – Hisst das Sturmsegel!

DIE WELLEN
Zittre nur im Wogendrange,
Menschengeist! Es währt nicht lange,
Dann zerschellt das Schiff wie Scherben.
»Du musst sterben!« –

DER KAPITÄN

Kappt die Taue am Besanmast! – He, schnell, Jungens!
– – Wir treiben aufs Riff! – Beigedreht!
Schrei der Matrosen.
Wir sitzen fest! – Die See bricht in den Raum!
Herr Jesus! Wir gehen unter!

DON JUAN *als Passagier*

Mephistopheles! Ich sinke!

MEPHISTOPHELES

Sei nur ohne Furcht, mein Freund!
Dieses Brett trägt uns vereint
Aus dem kühlen, frischen Bade
Zu den Schönen ans Gestade.
Öffne nur dein Aug', dein Herz!
Dies hier war November-Scherz.
Noch ist nicht der Tod des Jahres,
Nur des Balles Anfang war es.
Musikant ist Sturmeswehn
Sieh, wie sich die Wogen drehn!
Der Komtur, der Wintergreis,
Kommt erst später, kalt und weiß.
Sie treiben ans Land.

Graues Wetter

Faul hängt der graue Nebel herab auf Stadt und Land;
Es mag nicht einmal regnen von grauer Himmelswand,
Die Enten selber liegen dort müßig an dem Teich,
Den Kopf tief unterm Flügel, den Straßensteinen gleich.
Großmutter sitzt im Lehnstuhl und nickt und
schlummert ein;
Die Enkelin ihr Köpfchen stützt auf das Händchen fein,
Hat viermal schon recht herzlich mich angegähnt, o weh!
Goldlockig wallt das Haar ihr rings um des Busens Schnee.
Ich selber sitze da, aufs Knie gelegt die Ferse,
Mag lesen nicht einmal selbst meine eignen Verse.

Träume der Weihnachtszeit

Sie flogen über Wälder und Seen, über Länder und Meere; tief drunten sausten die kalten Winde, die Wölfe heulten, der Schnee funkelte, darüber flogen die schwarzen schreienden Krähen hin, in der Höhe aber leuchtete der Mond so groß und klar, und ihn sah Kay an, die lange, lange Winternacht hindurch; am Tage schlief er der Schneekönigin zu Füßen.

Die Schneekönigin

Der letzte Traum der alten Eiche

Ein Weihnachtsmärchen

Da stand im Wald, hoch auf dem Hang, am offenen Strand, so ein richtig alter Eichenbaum, der war genau dreihundertfünfundsechzig Jahre alt, aber die lange Zeit war für die Eiche nicht mehr als ebenso viele Tage für uns Menschen; am Tag sind wir wach, in der Nacht schlafen wir und haben unsere Träume; bei einem Baum ist das anders, der Baum ist drei Jahreszeiten lang wach, erst wenn der Winter kommt, schläft er ein, der Winter ist seine Schlafenszeit, das ist seine Nacht nach dem langen Tag, der Frühling, Sommer und Herbst heißt.

So manchen warmen Sommertag lang hatte die Eintagsfliege rund um seine Krone getanzt, hatte gelebt, geschwebt und sich glücklich gefühlt, und ruhte dann das kleine Geschöpf sich aus, einen Augenblick in stiller Glückseligkeit, auf einem der großen, frischen Eichenblätter, dann hatte der Baum immer gesagt: »Armes Kleines! Nur ein einziger Tag ist dein ganzes Leben! Ach wie kurz! Das ist so traurig!«

»Traurig!«, hatte die Eintagsfliege da immer geantwortet. »Wie meinst du das? Es ist doch alles so wunderbar hell, so warm und schön, und ich bin so froh!«

»Aber nur ein Tag, und alles ist vorbei!«

»Vorbei!«, sagte die Eintagsfliege. »Was meinst du mit vorbei? Bist du auch vorbei?«

»Nein, ich lebe vielleicht tausende von deinen Tagen, und mein Tag sind gleich mehrere Jahreszeiten! Das ist etwas so Langes, dass du es gar nicht ausrechnen kannst!«

»Nein, ich verstehe dich nämlich nicht! Du hast tausende von meinen Tagen, aber ich habe tausende von Augenblicken, in denen ich froh und glücklich sein kann! Hört diese ganze herrliche Welt auf, wenn du stirbst?«

»Nein«, sagte der Baum, »die bleibt bestimmt länger da, unendlich viel länger, als ich denken kann!«

»Aber dann haben wir ja gleich viel, nur dass wir verschieden rechnen!«

Und die Eintagsfliege tanzte und schwang sich in die Luft, freute sich an ihren feinen, kunstvollen Flügeln, ihrem Samt und ihrer Seide, freute sich an der warmen Luft, die so gewürzt war mit dem Duft aus den Kleewiesen und von den wilden Rosen am Zaun, von Holunder und Geißblatt, gar nicht zu reden vom Waldmeister, Schlüsselblumen und wilder Pfefferminze; das war ein Duft, so stark, dass die Eintagsfliege glaubte, sie wäre ein bisschen berauscht davon. Der Tag war lang und wunderbar, voll von Freude und süßen Empfindungen, und als die Sonne sank, fühlte die kleine Fliege sich immer so angenehm müde von all der Lust. Die Flügel wollten sie nicht länger tragen, und ganz sachte glitt sie hinunter auf den weichen, schaukelnden Grashalm, nickte mit dem Köpfchen, so wie sie nicken kann, und schlief dann ein, so fröhlich, das war der Tod.

»Arme kleine Eintagsfliege!«, sagte die Eiche, »das war doch ein viel zu kurzes Leben!«

Und an jedem Sommertag wiederholte sich derselbe Tanz, dieselben Sätze, Antworten und das Einschlafen; es wiederholte sich durch ganze Geschlechter von Eintagsfliegen, und alle waren sie gleich glücklich, gleich froh. Der Eichenbaum stand wach, seinen Frühlingsmorgen, Sommermittag und Abendherbst lang, nun kam bald die Schlafenszeit, seine Nacht, der Winter, würde kommen.

Schon sangen die Stürme: »Gute Nacht, gute Nacht! Da fiel ein Blatt, da fiel ein Blatt! Wir pflücken, wir pflücken! Sieh zu, dass du schläfst! Wir singen dich in Schlaf, wir schütteln dich in Schlaf, aber nicht wahr, das tut gut in den alten Ästen! Da knacken sie nur vor lauter Vergnügen! Schlafe süß, schlafe süß! Das ist deine dreihundertfünfundsechzigste Nacht, eigentlich bist du nur ein junger Spund! Schlafe süß! Die Wolke schüttet Schnee, das wird ein ganzes Laken, ein warmes Daunenbett um deine Füße! Schlafe süß und träume schön!«

Und der Eichenbaum stand da, entkleidet von all seinem Laub, um zur Ruhe zu gehen den ganzen langen Winter lang und in ihm manchen Traum zu träumen, immer etwas Erlebtes, wie in den Menschenträumen.

Er war auch einmal klein gewesen, ja, eine kleine Eichel war seine Wiege gewesen; nach der Menschenrechnung lebte er nun in einem vierten Jahrhundert; er war der größte und beste Baum im Wald, mit seiner Krone ragte er hoch über alle anderen Bäume hinaus und war weit übers Meer zu sehen, ein Seezeichen; er dachte nicht einmal daran, wie viele Augen nach ihm ausschauten. Hoch oben in seiner grünen Krone wohnten die Waldtauben, und der Kuckuck rief dort, und im Herbst, wenn die Blätter aussahen wie gehämmerte Kupferplatten, kamen die Zugvögel und ruhten sich dort aus, ehe sie weiterflogen über die See; aber jetzt war es Winter, der Baum stand blattlos, man konnte so recht sehen, wie gekrümmt und verbogen seine Äste ragten; Krähen und Dohlen kamen und setzten sich abwechselnd hinein und sprachen von den strengen Zeiten, die nun begannen, und wie schwer es wäre, Futter zu finden im Winter.

Es war gerade die heilige Weihnachtszeit, da träumte der Baum seinen herrlichsten Traum; den wollen wir hören.

Der Baum hatte die deutliche Empfindung, dass es eine festliche Zeit war, er meinte ringsum alle Kirchenglocken läuten zu hören, und außerdem war es wie an einem schönen Sommertag, mild und warm; da breitete er so frisch und grün seine mächtige Krone aus, die Sonnenstrahlen spielten zwischen Blättern und Zweigen, die Luft war erfüllt vom Duft der Kräuter und Büsche; bunte Schmetterlinge spielten Haschen, und die Eintagsfliegen tanzten, als sei alles bloß da, um zu tanzen und sich zu vergnügen. Alles, was der Baum die Jahre hindurch erlebt und um sich herum gesehen hatte, zog vorüber wie in einem ganzen Festaufzug. Er sah aus alter Zeit Ritter und Damen zu Pferde, mit Federn am Hut und Falken auf der Hand, durch den Wald reiten; das Jagdhorn ertönte und die Hunde schlugen an; er sah feindliche Soldaten mit blanken Waffen und in bunten Kleidern, mit Lanzen und Hellebarden, Zelte aufschlagen und wieder niederlegen; das Wachtfeuer loderte, und es wurde gesungen und geschlafen unter den verzweigten Ästen des Baums; er sah Liebende in stillem Glück, die sich hier im Mondschein trafen und ihre Namen, die Anfangsbuchstaben, in die grasgrüne Rinde schnitten. Zither und Äolsharfen waren einmal, ja da lagen lange Jahre dazwischen, in den Zweigen der Eiche aufgehängt gewesen, von reisenden munteren Gesellen, jetzt hingen sie wieder dort, jetzt erklangen sie wieder so lieblich. Die Waldtauben gurrten, als wollten sie erzählen, was der Baum dabei fühlte, und der Kuckuck rief, wie viele Sommertage er leben sollte.

Da war es, als ob ein neuer Lebensstrom ihn durchrieselte bis in die kleinsten Wurzeln hinab und hinauf in die am höchsten ragenden Äste, bis in die Blätter hinein; der Baum fühlte, wie er sich dabei dehnte, ja er fühlte mit den Wurzeln, wie auch unten in der Erde Leben und Wärme waren; er fühlte seine Kräfte zunehmen, er wuchs höher und höher; der Stamm schoss auf, da war kein Stillestehen, er wuchs mehr und immer mehr, die Krone wurde voller, breitete sich aus, erhob sich, – und wie der Baum so wuchs, wuchs auch sein Wohlgefühl, sein glückselig machendes Verlangen, immer noch höher zu reichen, bis hinauf zu der leuchtenden, warmen Sonne.

Schon war er hoch über die Wolken hinausgewachsen, bis dorthin, wo dunkle Zugvogelscharen oder große, weiße Schwanenschwärme unter ihnen dahinziehehen.

Und jedes Blatt des Baumes konnte sehen, als hätte es Augen zum Sehen; die Sterne wurden sichtbar mitten am Tage, so groß und blank; jeder von ihnen blinkte wie ein Augenpaar, so mild, so klar; sie erinnerten an bekannte, liebevolle Augen, Kinderaugen, die Augen der Liebenden, wenn sie sich trafen unter dem Baum.

Das war ein glückseliger Augenblick, so voller Wonne! Und doch, in all der Wonne empfand er ein Verlangen und eine Lust danach, dass alle die anderen Bäume des Waldes da unten, alle Büsche und Pflanzen und Blumen sich mit erheben sollten, diesen Glanz und dieses Glück empfinden und fühlen. Der mächtige Eichenbaum in all seinen Herrlichkeitsträumen war nicht vollkommen glücklich, ohne sie alle mit dabei zu haben, Kleine und Große, und dieses Gefühl zitterte in allen Zweigen und Blättern so inbrünstig, so stark wie in einer Menschenbrust.

Die Krone des Baumes bewegte sich, als ob sie suchte und sich sehnte, er sah sich um, und da empfand er den Duft des Waldmeisters und bald den noch kräftigeren Duft von Geißblatt und Veilchen, und er glaubte zu hören, wie der Kuckuck ihm Antwort gab.

Ja, durch die Wolken lugten die grünen Wipfel des Waldes hervor, er sah unter sich die anderen Bäume wachsen und sich erheben wie er selber; Büsche und Kräuter schossen hoch empor; einzelne rissen sich mit den Wurzeln los und flogen rascher. Die Birke war die erste; wie ein weißer Blitzstrahl knisterte ihr schlanker Stamm herauf, die Zweige wogten wie grüner Flor und Fahnen; die ganze Waldesnatur, selbst der braungefiederte Röhricht, wuchs mit, und die Vögel kamen mit und sangen, und im Stroh, das wie ein langes grünes Seidenband lose flatterte und flog, saß der Grashüpfer und spielte mit seinen Flügeln auf dem Schienbein; die Maikäfer brummten, und die Bienen summten, jeder Vogel sang mit seinem Schnabel, alles war Freude und Gesang bis in den Himmel.

»Aber die kleine rote Blume am Wasser, die soll auch mit!«, sagte der Eichenbaum. »Und die blaue Glockenblume! Und das kleine Gänseblümchen!« – Ja die Eiche wollte sie alle, alle dabeihaben.

»Wir sind dabei! Wir sind dabei!«, sang es und klang es.

»Aber der hübsche Waldmeister vom vorigen Sommer – und das Jahr davor war hier ein ganzer Teppich von Maiglöckchen –! Und der wilde Apfelbaum, wie stand der wunderbar da – und die ganze Pracht des Waldes in den Jahren, in den vielen Jahren –! Hätte das doch weitergelebt und wäre geblieben bis jetzt, dann hätte es doch alles dabei sein können!«

»Wir sind dabei! Wir sind dabei!«, sang es und klang es noch höher oben, es war, als wären sie vorausgeflogen.

»Nein, das ist doch viel zu unglaublich wunderbar!«, jubelte die alte Eiche. »Ich habe sie alle, alle bei mir! Kleine und Große! Nicht einer ist vergessen! Wie ist nur all diese Glückseligkeit möglich und denkbar!«

»In Gottes Himmel ist sie möglich und denkbar!«, klang es.

Und der Baum, der immerfort wuchs, fühlte, wie seine Wurzeln sich aus der Erde lösten.

»Das ist jetzt das Allerbeste!«, sagte der Baum. »Jetzt hält mich kein Band mehr! Jetzt kann ich emporfliegen ins Allerhöchste in Licht und Glanz! Und alle Lieben hab ich dabei! Kleine und Große! Alle dabei!«

»Alle!«

Das war der Traum des Eichenbaums, und während er träumte, ging ein gewaltiger Sturm über Meer und Land in der heiligen Weihnachtsnacht; die See wälzte schwere Wogen gegen den Strand, der Baum knackte, krachte und wurde ausgerissen mit der Wurzel, gerade während er träumte, dass die Wurzeln sich lösten. Er fiel. Seine dreihundertfünfundsechzig Jahre waren nun um wie ein Tag für die Eintagsfliege.

Am Weihnachtsmorgen, als die Sonne hervorkam, hatte der Sturm sich gelegt; alle Kirchenglocken läuteten festlich, und aus jedem Schornstein, selbst aus den kleinsten Katendächern, stieg bläulicher Rauch auf wie vom Altar beim Druidenfest, der Opferrauch des Danks. Immer stiller wurde die See, und auf einem großen Schiff draußen das in der Nacht das schwere Wetter wohl überstanden hatte, wurden jetzt alle Flaggen gehisst, weihnachtsfestlich und schön.

»Der Baum ist weg! Der alte Eichenbaum, unser Zeichen an Land!«, sagten die Seeleute. »In dieser Sturmnacht ist er gefallen! Wer soll seinen Platz einnehmen; das kann keiner!«

So eine Leichenrede, kurz, aber gut gemeint, bekam der Baum, der hingestreckt auf dem Schneeteppich am Strand lag; und über ihn hin klang Psalmengesang vom Schiff, das Lied von der Weihnachtsfreude und von der Erlösung der Menschen in Christo und vom ewigen Leben:

»Sing himmelhoch, du Gottes Schar!
Halleluja, denn nun wird wahr
Die Wonne ohnegleichen!
Halleluja, halleluja!«

So klang der alte Psalm, und jeder draußen auf dem Schiff wurde durch ihn und das Gebet auf seine Weise erhoben, so wie der alte Baum sich erhoben hatte in seinem letzten, seinem schönsten Traum in der Weihnachtsnacht.

Die Geschichte des alten Steuermanns

»Ich weiß noch, nur zu deutlich, Weihnacht war's,
Das liegt schon lang zurück; ich war noch jung
Und fuhr zur See; vor Norwegen geschah es,
Wir aßen eben unsre Weihnachts-Grütze,
Da wuchs der Sturm und trieb uns an die Küste;
Und Mann und Maus ertranken, bis auf mich.
Das Wetter wurde ruhig, mondenklar,
Triefnass saß ich inmitten flacher Schären;
Da hob ein Fels sich lotrecht aus dem Wasser,
Der glich dem Oberkörper eines Mannes,
Und war doch nichts als Stein, wie ich wohl sah!
Inzwischen fing es ringsum an zu plätschern,
Ich glaubte, jemand rudere ein Boot,
Und sah auf einmal, weiß wie frischen Schaum,
So viele Frauen, nackt, und schön geschaffen,
Jedoch ein Fischschwanz war der untre Teil;
Die schwammen ruhig um die großen Steine
Und sangen lieblich, spielten mit dem Wasser;
Nur eine unter ihnen, ach! die Schönste
War bleich und fahl und sah ganz traurig aus;
Sie klammerte sich an den Stein, und küsst' ihn,
Und weint', und küsst' ihn wieder; sieh, da war's,
Als rührte sich der Stein! Er tat es wirklich!
Ich sah, wie sich sein Haar im Winde wellte,
Denn groß und rund stand über uns der Mond.
Das Wesen fordert nun die Frau zum Tanz auf
Und schwang sie lustig, dass das Wasser wogte.
Da rief ich unwillkürlich: ›O Herr Jesus!‹
Und augenblicklich war das Bild verschwunden.

Der Fels stand steinern, unbewegt, wie vorher,
Das Mondlicht fiel auf glattes, stilles Wasser;
Doch war es mir, als hörte ich ein Weinen; ja,
im tiefen Wasser klang es voller Wehmut:
›Nun hast du ihn getötet, mich vernichtet,
Doch räche ich mich nicht! Du bist unschuldig.
Ein Christen-Herr, vor vielen hundert Jahren,
Band durch sein mächtges Wort den Bräutigam,
Verwandelt' ihn in Fels; und mir blieb nur,
In jeder Weihnachtsnacht, durch Kuss und Liebe
Um Mitternacht zum Leben ihn zu wecken.
Nun hat dein Wort ihn wieder festgebunden
Für hundert Jahre. Jede Weihnacht, ach,
Wenn alles Tote neu zum Leben aufwacht,
Wird kalt er stehn für Küsse und Umarmung!‹
So sang sie, und dann war es wieder still.
Denn nicht allein wir Menschen kennen Liebe,
Sie lebt auch in der dunklen Meerestiefe.«

Dänische Volkssagen

Es wohnte in Dänemark, auf der Insel Falster, eine reiche, vornehme Dame, die hatte keine Kinder, und ihr Geschlecht würde aussterben. Da ließ sie, für einen Teil ihres Reichtums, eine prachtvolle große Kirche bauen, und als die vollendet war und die Kerzen auf dem Altar angezündet waren, da ging sie zum Altartisch und betete, auf den Knien, unser Herr möge ihr, für ihre gottselige Gabe, vergönnen, so lange auf der Erde zu leben, wie ihre Kirche stand. Und die Jahre gingen hin. Ihre Verwandten starben, ihre alten Freunde und Bekannten, alle früheren Diener des Hofes lagen in ihren Gräbern; aber sie, die einen so schlechten Wunsch getan hatte, starb nicht. Geschlecht auf Geschlecht zog an ihr vorüber. Niemandem kam sie nahe, niemand kam zu ihr. Sie lebte dahin in einem langen Alter und saß verlassen und allein; ihre Sinne umschleierten sich, sie war wie eine Schlafende, aber nicht tot. An jedem Weihnachtsabend loderte für einen Augenblick das Leben in ihr auf, und sie bekam die Sprache zurück; da betete sie, dass man sie in einen Eichensarg legen und den in einem offenen Begräbnis in die Kirche stellen sollte. Der Pfarrer sollte sich dann in jeder Weihnachtsnacht bei ihr einfinden, um ihre Anweisungen zu hören. Und sie wurde in den Sarg gelegt, und der wurde in die Kirche gebracht. In jeder Weihnachtsnacht kam der Pfarrer, wie er sollte, durch den Chor zum Sarg und hob den Deckel über der alten müden Herrin, die hier ohne Ruhe lag: »Steht meine Kirche noch?«, fragte sie mit bebender Stimme; und auf die Antwort des Pfarrers hin: »Sie steht noch!«, seufzte sie tief und voller Trauer, sank zurück, und der Pfarrer ließ den Deckel fallen und kam in der nächsten Weihnachtsnacht wieder, und die nächste wieder und abermals die nächste. Jetzt liegt in der Kirche nicht mehr Stein auf Stein, keine Spur von den begrabenen Toten; jetzt wächst hier auf dem Feld ein großer Weißdorn, herrlich steht er im Frühling in Blüte, wie ein Zeichen für die Auferstehung des Lebens. Er wächst auf der Stelle, sagt man, wo der Sarg stand mit der hochvornehmen Herrin, wo ihr Staub zum Staub der Erde wurde.

Da saß sie unter dem schönsten Weihnachtsbaume. Der war noch größer und aufgeputzter als der, welchen sie zu Weihnachten durch die Glastür bei dem reichen Kaufmanne erblickt hatte. Viel tausend Lichter brannten auf den grünen Zweigen und bunte Bilder, wie die, welche die Ladenfenster schmücken, schauten zu ihr herab.

Das kleine Mädchen mit den Schwefelhölzern

Der Tannenbaum

Draußen im Walde stand so ein niedlicher Tannenbaum; der hatte einen guten Platz, Sonne bekam er, Luft gab's genug, und ringsum wuchsen viele größere Kameraden, Tannen und Fichten; aber der kleine Tannenbaum war ganz versessen aufs Wachsen; der dachte nicht an die warme Sonne und die frische Luft, er machte sich auch nichts aus den Bauerskindern, die vorbeigingen und plapperten, wenn sie unterwegs waren, um Erdbeeren und Himbeeren zu suchen; oft kamen sie mit einem ganzen Krug voll, oder sie hatten Erdbeeren auf Strohhalme gezogen, dann setzten sie sich zu dem kleinen Baum und sagten: »Nein! Wie ist der niedlich klein!« Das wollte der Baum absolut nicht hören.

Im Jahr darauf war er einen ganzen Schössling größer; und wieder ein Jahr darauf war er um noch einen länger; denn bei einem Tannenbaum kann man immer an der Zahl seiner Glieder sehen, wie viele Jahre er gewachsen ist.

»O wär ich doch so ein großer Baum wie die andern!«, seufzte der kleine Baum. »Dann könnte ich meine Zweige so nach allen Seiten ausbreiten und mit dem Wipfel in die weite Welt hinausschauen! Dann würden die Vögel ein Nest in meinen Zweigen bauen, und wenn der Wind weht, könnte ich genauso vornehm nicken wie die andern da!«

Er hatte nicht die geringste Freude am Sonnenschein, an den Vögeln oder an den roten Wolken, die morgens und abends über ihn dahinsegelten.

War es nun Winter, und ringsum lag glitzernd weiß der Schnee, dann kam oft ein Hase angesprungen und hüpfte geradewegs über den kleinen Baum hinüber, – oh, das war so ärgerlich! – Aber zwei Winter vergingen, und im dritten war der Baum so groß, dass der Hase um ihn herumlaufen musste. ›O wachsen, wachsen, groß und alt werden, das ist doch das einzig Schöne in dieser Welt‹, dachte der Baum.

Im Herbst kamen immer die Holzfäller und fällten ein paar von den größten Bäumen, das passierte jedes Jahr, und der junge Tannenbaum, der nun schon ganz gut herangewachsen war, zitterte dabei, denn die großen, prächtigen Bäume stürzten mit Knacken und Krachen zur Erde; die Äste wurden abgehauen, ganz nackt, lang und dünn sahen sie aus; sie waren kaum wiederzuerkennen, aber dann wurden sie auf Karren gelegt, und Pferde zogen sie aus dem Walde fort.

Wo kamen die hin? Was stand ihnen bevor?

Im Frühling, als Schwalbe und Storch kamen, fragte der Baum sie: »Wisst ihr nicht, wo die hingebracht worden sind? Habt ihr sie nicht getroffen?«

Die Schwalben hatten keine Ahnung, aber der Storch sah bedenklich drein, nickte und sagte: »Tja, ich glaube schon! Als ich nach Ägypten flog, bin ich vielen neuen Schiffen begegnet; auf den Schiffen standen prächtige Mastbäume, ich nehme an, das waren sie, sie rochen nach Tanne; ich kann ihnen ja viele Grüße ausrichten, die ragen hoch hinauf, hoch hinauf.«

»O wär ich doch auch groß genug, um übers Meer dahinzufliegen! Wie ist das überhaupt so, dieses Meer, und womit kann man es vergleichen?«

»Ja, das ist so weitläufig zu erklären«, sagte der Storch, und dann ging er.

»Freu dich an deiner Jugend!«, sagten die Sonnenstrahlen. »Freu dich an deinem frischen Wachstum, an dem jungen Leben, das in dir ist!«

Und der Wind küsste den Baum, und der Tau vergoss Tränen über ihn, aber das verstand der Tannenbaum nicht.

Wenn es auf Weihnachten zuging, dann wurden ganz junge Bäume gefällt, Bäume, die nicht einmal so groß und im selben Alter waren wie der Tannenbaum, der keine Rast und Ruh hatte, sondern immer nur wegwollte; diese jungen Bäume, und das waren ausgerechnet die allerhübschesten, behielten immer ihre Zweige, sie wurden auf Karren gelegt, und Pferde zogen sie aus dem Wald.

»Wo kommen die hin?«, fragte der Tannenbaum. »Die sind nicht größer als ich, es war sogar einer dabei, der war viel kleiner; warum behalten sie alle ihre Zweige? Wo fahren die hin?«

»Wir wissen's! Wir wissen's!«, zwitscherten die Spatzen. »Wir haben unten in der Stadt durch die Scheiben geguckt! Wir wissen, wo die hinfahren! Oh, die kommen in den größten Glanz und alle Herrlichkeit, die man sich denken kann! Wir haben zu den Fenstern hineingeschaut und gesehen, dass sie mitten in die warme Stube gepflanzt und mit den schönsten Sachen geschmückt werden, vergoldeten Äpfeln, Honigkuchen, Spielzeug und vielen hundert Kerzen!«

»Und dann –?«, fragte der Tannenbaum und zitterte in allen Zweigen. »Und dann? Was passiert dann?«

»Ja, mehr haben wir nicht gesehen! Aber das war unvergleichlich!«

»Ob ich geboren wurde, um diesen glanzvollen Weg zu gehen?«, jubelte der Baum. »Das ist doch besser, als übers Meer zu fahren! Wie ich leide vor Sehnsucht! Wenn es doch nur schon Weihnachten wäre! Nun bin ich groß und ausgestreckt, wie die andern, die im letzten Jahr weggebracht wurden! – O wär ich nur schon auf dem Karren! Wär ich doch drinnen in der warmen Stube mit all der Pracht und Herrlichkeit! Und danach –? Ja, da kommt noch etwas Besseres, noch Schöneres, warum sollen die mich sonst so schmücken! Da muss noch etwas Größeres kommen, noch herrlicher –! Aber was? Oh, ich leide! Ich hab solche Sehnsucht! Ich weiß selber nicht, was mit mir los ist!«

»Freu dich doch an mir!«, sagten die Luft und das Sonnenlicht. »Freu dich an deiner frischen Jugend draußen im Freien!«

Aber er freute sich kein bisschen; er wuchs und wuchs, winters und sommers war er grün; dunkelgrün stand er da; Leute, die ihn sahen, sagten: »Das ist ein schöner Baum!«, und zur Weihnachtszeit wurde er als Erster von allen gefällt. Die Axt schlug ihm tief ins Mark, mit einem Seufzer fiel der Baum zur Erde, er empfand einen Schmerz, eine Ohnmacht, er konnte nicht im Geringsten an irgendein Glück denken, er war traurig, dass er nun von zu Hause getrennt werden sollte, von dem Fleck, wo er entsprossen war; er wusste ja, dass er die lieben alten Kameraden nie wiedersehen würde, die kleinen Büsche und Blumen ringsum, ja vielleicht nicht einmal die Vögel. Die Abreise war durchaus keine angenehme Sache.

Der Baum kam erst wieder zu sich, als er im Hof, abgeladen mit den anderen Bäumen, einen Mann sagen hörte: »Der da ist prächtig! Den brauchen wir und keinen andern!«

Nun kamen zwei Diener in vollem Ornat und trugen den Tannenbaum in einen großen, schönen Saal. Ringsum an den Wänden hingen Porträts, und an dem großen Fliesenkachelofen standen große chinesische Vasen mit Löwen auf dem Deckel; da standen Schaukelstühle, Seidensofas, große Tische voller Bilderbücher und mit Spielzeug für hundertmal hundert Reichstaler – das sagten jedenfalls die Kinder. Und der Tannenbaum wurde in einem großen, mit Sand gefüllten Kübel aufgestellt, aber niemand konnte sehen, dass es ein Kübel war, denn es wurde grüner Stoff herumdrapiert, und er stand auf einem großen bunten Teppich. O wie der Baum zitterte! Was würde nun bloß passieren? Diener und Fräulein kamen und schmückten ihn. An jeden Zweig hängten sie kleine Netze, die aus farbigem Papier ausgeschnitten waren; jedes Netz war mit Süßigkeiten gefüllt; vergoldete Äpfel und Walnüsse hingen da, als wären sie angewachsen, und über hundert rote, blaue und weiße Lichtchen wurden auf den Zweigen festgesteckt. Puppen, die so lebendig aussahen wie Menschen – der Baum hatte nie zuvor so etwas gesehen –, schwebten im Grün, und ganz hoch oben in den Wipfel wurde ein großer Stern aus Flittergold gesetzt; das war prächtig, ganz unvergleichlich prächtig.

»Heute Abend«, sagten alle, »heute Abend soll er glänzen!«

›Oh!‹, dachte der Baum. ›Wär es doch nur schon Abend! Wären nur die Lichter bald angezündet! Und was dann wohl passiert? Ob wohl Bäume aus dem Wald kommen, um mich anzusehen? Ob die Spatzen ans Fenster fliegen? Ob ich hier wohl festwachse und winters und sommers geschmückt bleibe?‹

O ja, er wusste genau Bescheid; aber er hatte richtig Borkenschmerzen vor lauter Sehnsucht, und Borkenschmerzen sind für einen Baum genauso schlimm wie Kopfschmerzen für uns.

Nun wurden die Lichter angezündet. Welch ein Glanz, welche Pracht! Der Baum zitterte dabei an allen Zweigen, so dass eins der Lichter das Grün in Brand setzte; das verkohlte ordentlich.

»Gott bewahre uns!«, schrien die Fräulein und löschten eilig.

Jetzt traute sich der Baum nicht einmal mehr zu zittern. Oh, das war ein Grauen! Ihm war so bange, dass er etwas von seiner Ausstaffierung verlieren könnte; er war ganz konfus in all dem Glanz, und nun gingen beide Flügeltüren auf, und eine Menge Kinder stürzten herein, als wollten sie den ganzen Baum umwerfen; die Älteren kamen bedächtig hinterdrein; die Kleinen standen ganz stumm, – aber nur einen Augenblick, dann jubelten sie wieder so laut, dass es nachhallte; sie tanzten um den Baum herum, und ein Geschenk nach dem anderen wurde abgepflückt.

›Was tun die denn da?‹, dachte der Baum. ›Was passiert jetzt?‹ Und die Lichter brannten bis auf die Zweige herunter, und wie sie nach und nach herunterbrannten, wurden sie gelöscht, und dann durften die Kinder den Baum plündern. Oh, sie stürzten sich auf ihn, dass es in allen Zweigen knackte; wäre er nicht mit Spitze und Goldstern an der Decke festgebunden gewesen, dann wäre er umgestürzt.

Die Kinder tanzten mit ihrem herrlichen Spielzeug herum, niemand hatte Augen für den Baum, außer der alten Kinderfrau, die herumging und zwischen die Zweige lugte, aber das war nur, um zu sehen, ob nicht vielleicht doch eine Feige oder ein Apfel übersehen worden war.

»Eine Geschichte! Eine Geschichte!«, schrien die Kinder

und zerrten einen kleinen dicken Mann zum Baum hin, und er setzte sich genau darunter. »Dann sind wir nämlich im Grünen«, sagte er, »und dem Baum wird es besonders guttun, wenn er mithört! Aber ich erzähle nur eine Geschichte. Wollt ihr die von ›Ivede-Avede‹ hören oder die von ›Klumpe-Dumpe-der-die-Treppe-hinunterfiel-und-doch-auf-den-Thron-kam-und-die-Prinzessin-kriegte‹?«

»›Ivede-Avede‹!«, schrien einige. »›Klumpe-Dumpe‹!«, schrien andere; es war ein Gebrüll und Geschrei, nur der Tannenbaum schwieg ganz still und dachte: ›Soll ich denn gar nicht dabei sein? Überhaupt nichts tun?‹ Aber er war ja dabei gewesen, hatte getan, was er tun sollte.

Und der Mann erzählte von »Klumpe-Dumpe-der-die-Treppe-hinunterfiel-und-doch-auf-den-Thron-kam-und-die-Prinzessin-kriegte«. Und die Kinder klatschten in die Hände und riefen: »Erzähl! Erzähl!« Sie wollten auch »Ivede-Avede« hören, aber sie bekamen nur das von »Klumpe-Dumpe«. Der Tannenbaum stand ganz still und gedankenvoll da, niemals hatten die Vögel im Walde so etwas erzählt. ›Klumpe-Dumpe‹ fiel die Treppe hinunter und kriegte doch die Prinzessin! Jaja, so geht es zu in der Welt!‹, dachte der Tannenbaum und glaubte, es wäre alles wahr, weil es doch so ein netter Mann war, der erzählt hatte. ›Jaja! Wer weiß, wer weiß! Vielleicht fall ich auch die Treppe hinunter und kriege eine Prinzessin!‹ Und er freute sich auf den nächsten Tag, wo er wieder mit Lichtern und Spielzeug, Gold und Früchten eingekleidet werden würde.

»Morgen werd ich nicht mehr zittern!«, dachte er. »Ich will ganz froh und zufrieden sein in all meiner Herrlichkeit. Morgen werd ich wieder die Geschichte von ›Klumpe-Dumpe‹ hören und vielleicht auch die von ›Ivede-Avede‹.«

Und der Baum stand still und gedankenvoll da, die ganze Nacht.

Am Morgen kamen der Knecht und das Hausmädchen herein. ›Jetzt geht's wieder los mit dem Ausstaffieren!‹, dachte der Baum, aber die schleppten ihn aus der Stube hinaus, die Treppe hoch, auf den Dachboden, und hier, in einem dunklen Winkel, in den kein Tageslicht fiel, stellten sie ihn ab. ›Was hat das zu bedeuten?‹, dachte der Baum. ›Was um alles in der Welt soll ich hier anfangen? Und was soll ich hier wohl zu hören kriegen?‹ Und er lehnte sich an die Mauer und dachte und dachte. – – Und Zeit genug hatte er, denn es vergingen Tage und Nächte; niemand kam herauf, und als endlich jemand kam, da war es, um einige große Kisten in die Ecke zu stellen; der Baum stand ganz versteckt, man hätte meinen können, er wäre reinweg vergessen worden.

»Jetzt ist es da draußen Winter!«, dachte der Baum. »Die Erde ist hart und mit Schnee bedeckt, die Menschen könnten mich gar nicht einpflanzen; darum soll ich hier noch windgeschützt stehen, bis es Frühling wird! Wie aufmerksam das bedacht ist! Wie sind die Menschen doch gut! – Wenn es hier nur nicht so dunkel wäre und so furchtbar einsam! – Nicht einmal ein kleiner Hase! – Es war doch so nett da draußen im Wald, wenn Schnee lag, und der Hase sprang vorbei; ja, auch als er über mich wegsprang, aber das konnte ich damals nicht vertragen. Hier oben ist es doch schrecklich einsam!«

»Pi, pi!«, sagte eine kleine Maus in diesem Moment und schlüpfte hervor, und dann kam noch eine kleine hinterdrein. Sie schnupperten am Tannenbaum und schlüpften zwischen den Zweigen hinauf.

»Was für eine scheußliche Kälte!«, sagten die kleinen Mäuse. »Sonst ist es eigentlich ganz wundervoll hier oben! Stimmt's, du alter Tannenbaum?«

»Ich bin überhaupt nicht alt!«, sagte der Tannenbaum. »Es gibt eine Menge, die sind viel älter als ich!«

»Wo kommst du her?«, fragten die Mäuse. »Und was weißt du?« Sie waren nun einmal so furchtbar neugierig. »Erzähl uns doch von dem schönsten Platz auf der Welt! Bist du dagewesen? Warst du jemals in der Speisekammer, wo die Käsestücke in den Regalen liegen und die Schinken unter der Decke hängen, wo man auf Talglichtern tanzt, und mager hineingeht und fett wieder herauskommt?«

»Das kenn ich nicht!«, sagte der Baum. »Aber den Wald kenn ich, wo die Sonne scheint, und wo die Vögel singen!«, und dann erzählte er alles aus seiner Jugend, und die kleinen Mäuse hatten nie zuvor so etwas gehört, und sie hörten so aufmerksam zu und sagten: »Nein, was du alles gesehen hast! Wie glücklich bist du doch gewesen!«

»Ich!«, sagte der Tannenbaum und dachte über das nach, was er selber erzählte. »Ja, das waren, im Grunde, ganz lustige Zeiten!« – aber dann erzählte er vom Weihnachtsabend, als er mit Kuchen und Lichtern geschmückt war.

»Oh!«, sagten die kleinen Mäuse. »Wie glücklich bist du doch gewesen, du alter Tannenbaum!«

»Ich bin überhaupt nicht alt!«, sagte der Baum. »Es war doch erst in diesem Winter, dass ich aus dem Wald gekommen bin! Ich bin im allerbesten Alter, ich bin nur von etwas gesetztem Wuchs!«

»Wie schön du erzählen kannst!«, sagten die kleinen Mäuse, und in der nächsten Nacht brachten sie vier andere Mäuschen mit, die sollten auch hören, wie der Baum erzählte, und je mehr er erzählte, desto deutlicher erinnerte er sich selbst an alles und fand: »Das waren doch ganz lustige Zeiten! Aber die können auch wiederkommen, die können auch wiederkommen! Klumpe-Dumpe fiel die Treppe hinunter und kriegte doch die Prinzessin, vielleicht kann ich auch eine Prinzessin kriegen«, und dann dachte der Tannenbaum an so ein niedliches kleines Birkenbäumchen, das draußen im Walde wuchs, das war für den Tannenbaum eine wirkliche wunderschöne Prinzessin.

»Wer ist denn Klumpe-Dumpe?«, fragten die kleinen Mäuse. Und dann erzählte der Tannenbaum das ganze Märchen, er erinnerte sich noch an jedes einzelne Wort; und die kleinen Mäuse wären ihm beinahe bis in den Wipfel gehüpft, vor lauter Vergnügen. In der nächsten Nacht kamen noch viel mehr Mäuse, und am Sonntag sogar zwei Ratten; aber die sagten, die Geschichte wäre nicht lustig, und das betrübte die kleinen Mäuse, denn nun fanden sie sie auch nicht mehr so gut.

»Können Sie nur diese eine Geschichte?«, fragten die Ratten.

»Nur diese eine!«, antwortete der Baum. »Ich hörte sie an meinem glücklichsten Abend, aber damals dachte ich nicht daran, wie glücklich ich war!«

»Das ist eine über alle Maßen schlechte Geschichte! Können Sie nichts mit Speck oder Talglicht? Keine Speisekammergeschichten?«

»Nein!«, sagte der Tannenbaum.

»Ja, dann haben Sie vielen Dank!«, antworteten die Ratten und gingen nach Haus.

Zuletzt blieben auch die kleinen Mäuse weg, und da seufzte der Baum: »Das war doch ganz hübsch, wie die so um mich herum saßen, die emsigen Mäuschen, und hörten, was ich erzählte! Nun ist auch das vorbei! – Aber ich will daran denken, dass ich mich freue, wenn ich nun wieder hervorgeholt werde!«

Aber wann geschah das? – Ja! Es war eines Morgens, da kamen allerlei Leute und rumorten auf dem Dachboden herum; die Kisten wurden beiseitegeschoben, der Baum wurde hervorgezogen; sie warfen ihn zwar ein bisschen hart zu Boden, aber sogleich schleppte ein Knecht ihn zur Treppe, wo das Tageslicht schien.

»Jetzt fängt das Leben wieder an!«, dachte der Baum; er fühlte die frische Luft, den ersten Sonnenstrahl, – und jetzt war er draußen im Hof. Alles ging so geschwind, der Baum vergaß völlig, sich selbst zu beobachten, es gab ringsum so viel zu sehen. Der Hof grenzte an einen Garten, und darin stand alles in Blüte; die Rosen hingen so frisch und duftend übers Staket, die Linden blühten, und die Schwalben flogen umher und sagten »Quirre-wirre-witt, mein Mann ist da!«, aber es war nicht der Tannenbaum, den sie meinten.

»Jetzt werde ich leben!«, jubelte er und breitete seine Zweige weit aus; ach, sie waren alle welk und gelb; er lag in einer Ecke zwischen Unkraut und Brennnesseln. Der Goldpapier-Stern saß noch immer oben in der Spitze und glitzerte im hellen Sonnenschein.

Im Hof selbst spielten ein paar von den lustigen Kindern, die zur Weihnachtszeit um den Baum getanzt waren und sich so an ihm gefreut hatten. Eins von den kleinsten sauste herüber und riss den Goldstern ab.

»Seht nur, was da noch an dem ekligen alten Weihnachtsbaum hängt!«, sagte es und trampelte auf den Zweigen herum, dass es unter seinen Stiefeln knackte.

Und der Baum sah all die Blütenpracht und Frische im Garten an, er sah sich selber an, und er wünschte, er wäre in seinem dunklen Winkel auf dem Dachboden geblieben; er dachte an seine frische Jugend im Walde, an den lustigen Weihnachtsabend und an die kleinen Mäuse, die sich so froh die Geschichte von »Klumpe-Dumpe« angehört hatten.

»Vorbei! Vorbei!«, sagte der arme Baum. »Hätte ich mich doch gefreut, als ich es noch konnte! Vorbei! Vorbei!«

Und der Hausknecht kam und schlug den Baum in kleine Stücke, ein ganzes Bündel lag da; das prasselte herrlich unter dem großen Braukessel; und er seufzte so tief, jedes Seufzen war wie ein kleiner Schuss; darum kamen die Kinder, die draußen spielten, hereingelaufen und setzten sich vor das Feuer, sahen hinein und schrien: »Piff! Paff!«, aber bei jedem Knall, der ein tiefer Seufzer war, dachte der Baum an einen Sommertag im Walde, eine Winternacht da draußen, wenn die Sterne schimmerten; er dachte an den Weihnachtsabend und Klumpe-Dumpe, das einzige Märchen, das er gehört hatte und zu erzählen verstand –, und dann war der Baum ausgebrannt.

Die Kinder spielten im Hof, und das kleinste hatte den Goldstern auf der Brust, den der Baum an seinem glücklichsten Abend getragen hatte; jetzt war das vorbei, und der Baum war vorbei und die Geschichte auch; vorbei, vorbei, und das sind einmal alle Geschichten.

Unsterblichkeit ist gleich dem Schnee,
Morgen wirst Du ihn nicht mehr seh'n!

Das Märchen meines Lebens

Kerzenschein und Tannenduft

Sie dachte so lebhaft an seine klugen Augen, seine langen Haare;sie konnte richtig vor sich sehen, wie er lächelte,wie damals, als sie zu Hause unter den Rosen saßen. Er würde sich bestimmt freuen, sie zu sehen, zu hören, welchen langen Weg sie um seinetwillen gegangen war, zu erfahren, wie betrübt sie alle zu Hause gewesen waren, als er nicht zurückkam. Oh, das war eine Furcht und eine Freude.

Die Schneekönigin

Weihnacht auf Schloss Holsteinborg

Ein Brief Andersens an den dänischen Schriftsteller Bernhard Severin Ingemann (1789–1862)

Holsteinborg, am Weihnachtstag 1861.

Lieber Freund!

Mein Zimmer stößt an die Kirche, ich kann aus demselben auf das Chor treten. Die Orgel spielt und der Psalm ertönt zu mir herein, indem ich diesen Brief schreibe. Hier ist es so weihnachtsfestlich, und gestern Abend herrschte hier Kinderfreude; alle die Kleinen waren so glücklich über den Weihnachtsbaum und dessen Herrlichkeiten. Auch ich hatte meinen Weihnachtstisch mit vielen Sachen, die auf meine Märchen hindeuten: die Katze saß auf dem Tintenfass, der Kobold tanzte mit dem Federhalter, der Schmetterling flog in florentinischem Mosaik auf dem Briefbeschwerer und mein kleines Mädchen mit den Streichhölzern hatte sich auch eingefunden.

Ich dachte übrigens gestern sehr viel an meine Weihnachtszeit in der Kindheit; es war doch die reichste, die ich verlebt habe, ungeachtet die Stube so klein war und ungeachtet ich keinen Weihnachtsbaum hatte, aber Grütze, Gänsebraten und Apfelscheiben fehlten niemals, und an dem Abend standen zwei Lichter auf dem Tisch. Ein halbes Jahrhundert ist seitdem verflossen, und dennoch bewahre ich diese Weihnachtserinnerungen in mir. Wie wunderbar bin ich doch vom Geschick getragen worden!

»Gott weiß, ob ich im nächsten Jahre in Sorö sein werde. Meine Neigung geht dahin, in dem neuen Jahr nach Spanien zu gehen. Ich muss stets meine Weihnachtsträume haben, und diese drehen sich um das Reiseleben – ich denke an Italien oder Spanien. Das Weihnachtswetter ist mild, aber mir sind doch klare Luft und schneeweiße Felder lieber. Im vorigen Jahre hatten wir Frost mit glänzendem Schnee und mit Reif besäte Bäume. Da dichtete ich den »Schneemann«, aber in diesem Jahre hat mich meine Muse verlassen. Mag ein gutes und fröhliches Neujahr für uns alle sich entrollen! Kein Krieg, keine Cholera, sondern Frieden und Gesundheit herrschen!

Nun leben Sie herzlich wohl!

Ihr treu ergebener

H. C. Andersen.

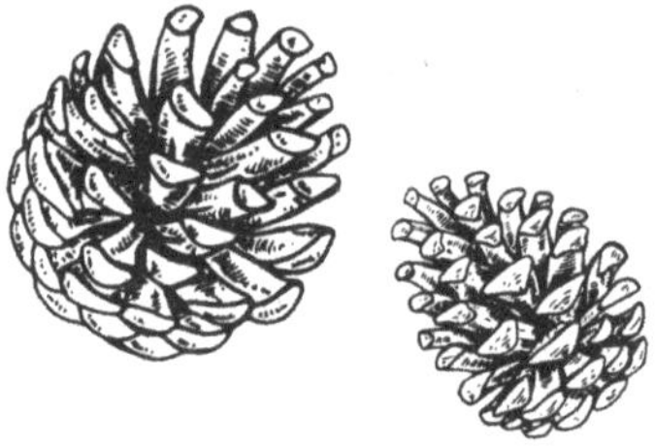

Ein Weihnachtsscherz

Auf seinen unzähligen Reisen machte Andersen auch Halt in Rom, wo er 1833 einen Weihnachtsabend bei milden Temperaturen, aber dafür umso hitzigeren Gemütern verbrachte. In seinem autobiographischen Werk »Das Märchen meines Lebens« (1847) erinnert er sich an jenes Weihnachtsfest, bei dem sich der dänische Bildhauer Bertel Thorvaldsen (1770–1844) und sein schwedischer Kollege Johan Niclas Byström (1783–1848) beinah in die Haare gekriegt hätten. Grund des Anstoßes: ein gelber Hemdkragen, auch Vatermörder genannt.

Weihnachten war unser schönstes Fest; ich habe dasselbe in »Eines Dichters Bazar« erwähnt, allein so festlich, so frisch und licht wie im Jahre 1833 war es kaum jemals später; wir durften an diesem heiligen Abend in der Stadt selbst nicht jubeln und Scherze treiben, wohl aber außerhalb, und wir erlangten zur Abhaltung unseres Festes in dem Garten der Villa Borghese ein großes Haus dicht am Amphitheater. Der Blumenmaler Jensen, Medailleur Christensen und ich weilten draußen vom frühen Morgen an, und in dem warmen Sonnenschein gingen wir in Hemdsärmeln umher und wanden Kränze und Girlanden. Unser Weihnachtsbaum war ein großer Orangenbaum mit daran hängenden Früchten; ich war der Glückliche, der den größten Gewinn, einen silbernen Becher mit der Inschrift: »Weihnachtsabend in Rom 1833«, gewann. Jeder der Gäste spendete ein Geschenk, und es war Bedingung, irgendetwas Amüsantes zu wählen, oder es durch Verpackung und Devise dazu zu machen. Ich hatte aus Paris ein paar grelle, gelbe ›Vatermörder‹ mitgebracht, die nur zu einem Karnevalsscherz zu gebrauchen waren, diese wollte ich verwenden; allein diese Idee nahm eine Wendung, durch welche, wie man sehen wird, der Abend mit Streit und Zorn hätte enden können. Es fiel mir nicht ein, dass irgendeine andere Ansicht als die obwalten könnte, dass Thorvaldsen hier der Bedeutendste sei, und dass ich also ihm vor allen anderen den Kranz reichen könne. Die ›Vatermörder‹, welche die Farbe des Neides trugen, kamen also mit zum Scherz; ich wusste nicht, was wir jetzt in *Thorvaldsen's Leben* von Thiele lesen können, dass einmal zwischen Byström und Thorvaldsen ein Streit wegen ihrer gegenseitigen Tüchtigkeit stattgefunden hatte. Byström meinte, Thorvaldsen übertreffe ihn in Basreliefs, aber nicht in Gruppen; Thorvaldsen wurde heftig und rief: »Du magst mir die Hände binden, und ich werde mit meinen Zähnen den Marmor besser beißen, als Du ihn hauen kannst!«

Bei unserm Weihnachtsfest war sowohl Thorvaldsen als Byström zugegen; ich hatte für meinen großen Landsmann einen Kranz gewunden und demselben ein kleines Gedicht beigelegt; das Geschenk war für ihn, aber neben demselben lagen die gelben ›Vatermörder‹, und die sollte derjenige bekommen, dem zufällig durch das Los das Päckchen zufiele. Das Los wollte, dass es Byström bekam, und der Inhalt des Verses an den Gewinner war folgender: »Du kannst den gelben Kragen des Neides behalten, aber den Kranz wirst Du Thorvaldsen reichen!« Augenblicklich entstand große Aufregung über diesen Mangel an Takt oder schlechten Witz, allein bald sah man natürlicherweise ein, dass das Päckchen ganz zufällig in die Hände Byströms gelangt sei, und als man erfuhr, dass ich, dem man keinen solchen Stachel zutraute, der Spender sei, glich die Sache sich aus und die gute Laune kehrte wieder.

Es war Winterszeit, die Luft kalt, der Wind scharf, aber hinter Tür und Riegel war es warm und gemütlich.

Das Schneeglöckchen

Kinder des Nordens

In »Das Märchen meines Lebens« erinnert sich Andersen an einen einsamen Weihnachtsabend. Doch als Entschädigung dafür durfte er einen umso geselligeren Jahresausklang mit der Opernsängerin Jenny Lind (1820–1887) verbringen.

Und dennoch mitten in diesem Saus und Braus, in all' diesem Übermaß von Güte und Interesse für mich, um mir meinen Aufenthalt hier angenehm zu machen, stand ein Abend unbesetzt, leer, ein Abend, an dem ich plötzlich die Einsamkeit in ihrer drückendsten Gestalt empfand: es war der Weihnachtsabend! Gerade an dem Abend, an dem ich mit dem Gemüt des Kindes in den Festglanz schaute, an dem ich einen Weihnachtsbaum sehen, mich an der Freude der Kinder erfreuen und die Eltern wieder Kinder werden, sehen musste – gerade an diesem Abend saß ich einsam in meinem Zimmer im Hotel und dachte an die Heimat in Kopenhagen. –

Jenny Lind war in Berlin, Meyerbeer hatte, wie er mir früher gesagt, es durchgesetzt, dass sie hier auftrat, gehuldigt und bewundert wurde; überall ertönte ihr Lob, nicht allein das der Künstlerin, sondern auch das des Weibes, beide vereinigt, erweckten eine Begeisterung, einen Enthusiasmus, dass man das Theater förmlich bestürmte, wenn sie sang. – Es war längst meine herrlichste Phantasie gewesen, mir einen Weihnachtsabend bei ihr verbracht zu denken; ich war überzeugt davon, dass, wenn ich zu dieser Zeit in Berlin sei, ich diesen Festabend in ihrer Gesellschaft verbringen würde. Diese Phantasie wurde bei mir zu einer solchen Überzeugung, dass ich alle Einladungen meiner Freunde in Berlin ausschlug, und als dann der Abend kam, war ich von Jenny Lind nicht eingeladen worden.

In meiner Einsamkeit fühlte ich mich so verlassen, öffnete das Fenster und sah zum Sternenhimmel empor: Er war mein Weihnachtsbaum! Ich war so weichen Gemüts, dass andere es vielleicht sentimental genannt haben würden. Jene kennen den Namen, ich kenne die Stimmung.

Am Morgen darauf war ich ärgerlich, kindlich ärgerlich über meinen verlorenen Weihnachtsabend. – Ich erzählte Jenny Lind, wie traurig ich diesen verbracht habe. »Ich glaubte, Sie würden bei Prinzen und Prinzessinnen sein!«, erwiderte sie. Da erzählte ich ihr, dass ich alle Einladungen ausgeschlagen hatte, um bei ihr zu sein, und dass ich mich darauf bereits seit langer, langer Zeit gefreut hatte, ja, gerade des Weihnachtens wegen nach Berlin gekommen sei.

»Kind!«, sagte sie lächelnd, strich mit ihrer Hand über meine Stirn, lachte mich aus und sagte: »Das konnte mir niemals einfallen; ich war außerdem ausgebeten. Aber nun müssen wir den Weihnachtsabend nachholen, denn nun muss ich den Christbaum für das Kind anzünden! Am Sylvesterabend brennt der Weihnachtsbaum bei mir!« Und gerade am letzten Abend des Jahres erglänzte für mich bei ihr ein kleiner, schön ausgeputzter Baum. Jenny Lind, ihre Begleiterin und ich bildeten den ganzen Kreis. Wir drei Kinder des Nordens waren am Sylvesterabend versammelt. Ich war das Kind, für das der Baum angezündet war. Es war wie in dem Kinderspiele ›Es kommen Fremde‹, und es ging an diesem Abend wie bei großer Gesellschaft zu, erst Tee, dann Eis und endlich das Souper. Jenny Lind sang eine große Arie und einige schwedische Lieder. Es war eine ganz festliche Soirée, und ich bekam alle Christgeschenke. Unser stiller, festlicher Abend wurde bekannt und darüber in den Zeitungen berichtet. »Die beiden Kinder des Nordens, Jenny Lind und Andersen«, hieß es ungefähr.

Eisiger Winter, warmes Herz

Ich kann ihr keine größere Macht geben als die, die sie jetzt schon hat! Siehst du nicht, wie groß sie ist? Siehst du nicht, wie Menschen und Tiere ihr dienen müssen, wie sie auf bloßen Füßen so gut in der Welt vorangekommen ist? Sie darf von uns nichts über ihre Macht wissen, die sitzt ihr im Herzen, die sitzt darin, dass sie ein süßes unschuldiges Kind ist.

Die Schneekönigin

Die Geschichte einer Mutter

Es saß eine Mutter bei ihrem kleinen Kind, sie war so betrübt, so bange, dass das Kind sterben sollte. Das war so bleich, die kleinen Augen hatten sich geschlossen, es holte so sachte Luft, und zwischendurch mit einem tiefen Zug als ob es seufzte; und die Mutter sah noch sorgenvoller auf die kleine Seele.

Da klopfte es an die Tür und es kam ein armer, alter Mann eingehüllt wie in eine große Pferdedecke, denn das wärmt, und das hatte er nötig, es war ja kalter Winter; draußen lag alles in Eis und Schnee, und der Wind blies, dass es ins Gesicht schnitt.

Und weil der alte Mann zitterte vor Kälte und das kleine Kind einen Augenblick schlief, ging die Mutter und stellte Bier in einem kleinen Krug in den Kachelofen, um es aufzuwärmen für ihn; und der alte Mann saß da und wiegte das Kind und die Mutter setzte sich auf den Stuhl neben ihm, sah ihr krankes Kind an, das so tief Luft holte, und hob die kleine Hand.

»Glaubst du nicht auch, dass ich ihn behalte?«, fragte sie. »Der Herr wird ihn nicht von mir nehmen!«

Und der alte Mann, es war der Tod selber, der nickte so wunderlich, das konnte gerade so gut »ja« bedeuten, wie »nein«. Und die Mutter blickte in ihren Schoß und die Tränen liefen ihr über die Wangen; – ihr Kopf wurde so schwer, seit drei Nächten und Tagen hatte sie kein Auge zugetan, und nun schlief sie, aber nur einen kurzen Augenblick, dann fuhr sie empor und zitterte vor Kälte: »Was ist das!«, sagte sie und blickte nach allen Seiten; aber der alte Mann war fort und ihr kleines Kind war fort, er hatte es mit sich genommen; und drüben im Winkel surrte und schnurrte das alte Uhrwerk, das große Bleigewicht rasselte herunter bis zum Boden, bum! und dann stand auch die Uhr still.

Aber die arme Mutter lief aus dem Haus und rief nach ihrem Kind.

Draußen, mitten im Schnee, saß eine Frau in langen, schwarzen Kleidern und sie sagte: »Der Tod ist in deiner Stube gewesen, ich sah ihn davoneilen mit deinem kleinen Kind; er schreitet rascher aus als der Wind, er bringt niemals zurück, was er genommen hat!«

»Sag mir nur, welchen Weg er ging!«, sagte die Mutter. »Sag mir den Weg und ich will ihn finden!«

»Ich weiß ihn!«, sagte die Frau in den schwarzen Kleidern. »Aber ehe ich ihn dir sage, musst du mir zuerst alle Lieder vorsingen, die du für dein Kind gesungen hast! Ich hör sie so gern, ich hab sie schon früher gehört, ich bin die Nacht, ich sah deine Tränen, als du sie sangst!«

»Ich will sie singen, alle, alle!«, sagte die Mutter. »Aber halt mich nicht auf, dass ich ihn einhole, dass ich mein Kind finden kann!«

Aber die Nacht saß stumm und still, da rang die Mutter ihre Hände, sang und weinte, und es waren viele Lieder, aber noch mehr Tränen; und dann sagte die Nacht: »Geh nach rechts, in den dunklen Tannenwald, da sah ich den Tod seinen Weg gehen mit deinem kleinen Kind!«

Tief drinnen im Wald kreuzten die Wege sich, und sie wusste nicht mehr, wo sie gehen sollte; da stand aber ein Dornbusch, es waren weder Blatt noch Blüte darauf, es war ja auch die kalte Winterszeit, und es lag Eis auf den Zweigen.

»Hast du nicht den Tod vorbeikommen sehen mit meinem kleinen Kind?«

»O ja!«, sagte der Dornbusch. »Aber ich sage dir nicht, welchen Weg er ging, wenn du mich nicht erst an deinem Herzen aufwärmst! Ich friere mich zu Tode, ich werde zu lauter Eis!«

Und sie drückte den Dornbusch an ihre Brust, so fest, damit er sich recht aufwärmen konnte, und die Dornen gingen ihr geradewegs ins Fleisch, und ihr Blut floss in großen Tropfen, aber der Dornbusch trieb frische grüne Blätter aus und es öffneten sich Blüten in der kalten Winternacht, so warm war es am Herzen einer traurigen Mutter; und der Dornbusch sagte ihr den Weg, den sie gehen sollte.

Da kam sie an einen großen See, wo weder Schiff noch Boot war. Der See war nicht genug zugefroren, dass er sie tragen könnte, und auch nicht offen und flach genug, dass sie hindurch waten könnte, und hinüber musste sie, wollte sie ihr Kind finden; da legte sie sich nieder, um den See auszutrinken, und das war ja unmöglich für einen Menschen, aber die traurige Mutter dachte, es könnte doch ein Wunder geschehen. –

»Nein, das geht niemals!«, sagte der See. »Lass uns lieber zusehen, dass wir einig werden! Ich sammle gerne Perlen und deine Augen sind die zwei klarsten, die ich gesehen habe, willst du sie mir ausweinen, dann werde ich dich hinübertragen zu dem großen Treibhaus, wo der Tod wohnt und Blumen und Bäume hütet; jedes davon ist ein Menschenleben!«

»Oh, was gebe ich nicht, um zu meinem Kind zu kommen!«, sagte die verweinte Mutter, und sie weinte noch mehr und ihre Augen sanken nieder auf den Grund des Wassers und wurden zwei kostbare Perlen, aber der See hob sie auf, als säße sie in einer Schaukel, und sie flog in einem einzigen Schwung zur Küste auf der anderen Seite, wo ein meilenweites, wunderliches Haus stand, man wusste nicht ob es ein Berg mit Wald und Höhlen oder ob es aufgezimmert war, aber die arme Mutter konnte es nicht sehen, sie hatte sich ja die Augen ausgeweint.

»Wo soll ich den Tod finden, der mit meinem kleinen Kind davonging!«, sagte sie.

»Hierher ist er noch nicht gekommen!«, sagte die alte Gräberfrau, die das große Treibhaus des Todes hüten sollte. »Wie hast du hierher finden können, und wer hat dir geholfen?«

»Der Herr hat mir geholfen!«, sagte sie. »Er ist barmherzig und das wirst du auch sein! Wo soll ich mein kleines Kind finden!«

»Ja, ich kenne es nicht«, sagte die Frau, »und du kannst ja nicht sehen! – Viele Blumen und Bäume sind verwelkt heute Nacht, der Tod wird bald kommen und sie umpflanzen! Du weißt wohl, dass jeder Mensch seinen Lebensbaum hat oder seine Blume, je nachdem, wie es mit ihm steht; die sehen aus wie andere Gewächse, aber die haben einen Herzschlag; auch ein Kinderherz schlägt! Dem sollst du nachgehen, vielleicht kannst du den deines Kindes erkennen; aber was gibst du mir dafür, dass ich dir sage, was du weiter tun sollst!«

»Ich habe nichts zu geben«, sagte die traurige Mutter, »aber ich will für dich bis ans Ende der Welt gehen!«

»Ja, da habe ich nichts verloren!«, sagte die Frau. »Aber du kannst mir dein langes schwarzes Haar geben, du weißt ja selber, wie gut das aussieht, und das gefällt mir! Du bekommst mein weißes dafür, das ist immerhin etwas!«

»Verlangst du nichts anderes«, sagte sie, »das gebe ich dir

mit Freuden!« Und sie gab ihr ihr schönes schwarzes Haar und bekam dafür das schneeweiße der Alten.

Und so gingen sie hinein in das große Treibhaus des Todes, wo Blumen und Bäume wundersam durcheinander wuchsen. Da standen zarte Hyazinthen unter Glasglocken, und da standen große baumstarke Päonien, da wuchsen Wasserpflanzen, manche ganz frisch, andere kränklich, Wasserschlangen legten sich auf sie, und schwarze Krebse klemmten ihnen den Stiel ab. Da standen prächtige Palmen, Eichen und Platanen, da standen Petersilie und blühender Thymian; jeder Baum und jede Blume hatten ihren eigenen Namen, die waren jedes ein Menschenleben, der Mensch war noch am Leben, einer in China, einer in Grönland, ringsum in der Welt. Da waren große Bäume in kleinen Töpfen, so dass sie ganz verkümmert dastanden und nahe daran waren, den Topf zu sprengen, da war auch an vielen Stellen eine kleine, langweilige Blume in fetter Erde, von Moos umgeben und gut zugedeckt und behütet. Aber die traurige Mutter beugte sich über alle die kleinsten Pflanzen und horchte in sie hinein, wo das Menschenherz schlug, und unter Millionen erkannte sie das ihres Kindes.

»Da ist es!«, rief sie und streckte die Hand aus über einem kleinen blauen Krokus, der ganz krank zu einer Seite herabhing.

»Rühr die Blume nicht an!«, sagte die alte Frau. »Aber stell dich hierher, und wenn der Tod kommt, ich erwarte ihn jeden Augenblick, dann lass ihn nicht die Pflanze ausreißen, und droh du ihm, dass du dasselbe mit allen Pflanzen tun wirst, dann wird er bange! Er soll unserm Herrn für sie Rede und Antwort stehen, keine darf ausgerissen werden, ehe er es erlaubt.«

Mit einem Mal sauste es eiskalt durch den Saal, und die blinde Mutter merkte, dass es der Tod war, der kam.

»Wie konntest du den Weg hierher finden?«, fragte er. »Wie konntest du schneller kommen als ich?«

»Ich bin eine Mutter«, sagte sie.

Und der Tod streckte seine lange Hand aus nach der kleinen feinen Blume, aber sie hielt ihre Hände fest darum, so dicht, und doch bange, dass sie eines der Blütenblätter berühren könnte. Da hauchte der Tod auf ihre Hände und sie fühlte, dass es kälter war als der kalte Wind, und ihre Hände fielen kraftlos herunter.

»Du kannst doch nichts tun gegen mich!«, sagte der Tod.

»Aber das kann unser Herr!«, sagte sie.

»Ich tue nur, was er will!«, sagte der Tod. »Ich bin sein Küchengärtner! Ich nehme alle seine Blumen und Bäume und pflanze sie aus in den großen Paradiesgarten in dem unbekannten Land, aber wie sie da wachsen und wie es dort ist, wüsste ich dir nicht zu sagen!«

»Gib mir mein Kind zurück!«, sagte die Mutter und weinte und flehte; mit einem Mal fasste sie mit jeder Hand eine schöne Blume rechts und links und rief dem Tod zu: »Ich reiße all deine Blumen aus, denn ich bin ganz verzweifelt!«

»Rühr sie nicht an!«, sagte der Tod. »Du sagst, du bist so unglücklich, und jetzt willst du eine andere Mutter genauso unglücklich machen –!«

»Eine andere Mutter!«, sagte die arme Frau und ließ die Blumen sogleich los.

»Da hast du deine Augen«, sagte der Tod, »ich habe sie heraufgefischt aus dem See, sie leuchteten so sehr; ich wusste nicht, dass es deine waren; nimm sie zurück, sie sind jetzt klarer als vorher, und nun sieh hinab in den tiefen Brunnen da neben dir, ich will die Namen der beiden Blumen nennen, die du herausreißen wolltest, und du siehst ihre ganze Zukunft, ihr ganzes Menschenleben, alles was du zerstören und vernichten wolltest!«

Und sie sah hinunter in den Brunnen; und es war die reine Glückseligkeit, wie das eine zu einem Segen für die Welt wurde, wie viel Glück und Freude sich ringsum entfalteten. Und sie sah das Leben der anderen und es war Sorge und Not, Grauen und Elend.

»Beide Seiten sind Gottes Wille!«, sagte der Tod.

»Welche ist die Unglücksblume, und welche ist die des Glücks?«, fragte sie.

»Das sage ich dir nicht«, sagte der Tod, »aber das sollst du von mir wissen, dass die eine Blume die deines eigenen Kindes war, es war das Schicksal deines Kindes, was du gesehen hast, die Zukunft deines eigenen Kindes!«

Da schrie die Mutter vor Schrecken: »Welches von beiden war mein Kind! Sag mir's! Erlöse das Unschuldige! Erlöse mein Kind aus all dem Elend! Trag es lieber fort! Trag es hinein in Gottes Reich! Vergiss meine Tränen, vergiss meine Gebete und alles was ich gesagt und getan habe!«

»Ich verstehe dich nicht!«, sagte der Tod. »Willst du dein Kind zurückhaben, oder soll ich mit ihm dorthin gehen, wovon du nichts weißt!« –

Da rang die Mutter ihre Hände, fiel auf die Knie und betete zum Herrn: »Erhöre mich nicht, wo ich gegen deinen Willen bete, der ja der beste ist! Erhör mich nicht! Erhör mich nicht!«

Und sie beugte den Kopf in ihren Schoß. Und der Tod ging mit ihrem Kind hinein in das unbekannte Land.

Das Kind vor der Kirche

WIR müssen über den Kirchhof gehen,
Wo im Schnee die schwarzen Kreuze stehen
Und die Steine im finsteren Grunde;
Der alte Priester kehrt heim ins Haus,
Der Mond bricht aus drohenden Wolken heraus,
Es schlägt die Mitternachtsstunde.

Schon streift die Mauer der Mondenschein,
An der Türe steht ein Kindlein klein,
Das hat so blasse Wangen;
Der alte Priester tritt ihm nah':
»Wer bist du und was willst du da?
Wie bist du hergegangen?«

»›Oh, tu mir nichts, o lass mich sein,
Nicht wissen darf es mein Mütterlein,
Sonst würde noch mehr sie weinen!‹«
»– Nein, Kind, dir soll nichts Böses geschehn!
Wie blutet die Hand dir? Gib her! Lass sehn!
Sag' an, wer sind die Deinen?«

»›Ach Gott, wie hab ich geweint so sehr!
Doch darf ich's dir sagen nimmermehr,
Weshalb ich hergekommen!
Weil Vater nichts bezahlen kann,
Drum hat uns alles ein böser Mann,
Selbst unsere Bibel genommen!

Und weil wir Hunger leiden und Not,
Weint Mutter sich die Augen rot

Vor lauter Weh und Sorgen!‹«
– »Du armes Kind! Komm her zu mir!
Doch zeige mir das Stück Papier,
Das du vor mir verborgen?

Komm, gibt es mir, ich bin dir gut –
Doch ha! Was seh' ich! Das ist dein Blut!
Was hast du da geschrieben?«
– »›O Gott, o halt mich nicht für schlecht,
Ich weiß es wohl, es ist nicht recht,
Doch hat mich Not getrieben!

Denn immer weinte mein Mütterlein,
Und sagte dann: Von Gott allein
Kann Trost ich noch erlangen.
Doch da auch Gott uns nicht befreit,
So bin ich nun bei später Zeit
Zur Kirche hingegangen.

Ich schnitt mich, bis das Blut mir rann –
Dem lieben Gott verschrieb ich dann
Mich ganz, doch nicht dem Bösen.
Gott will ja gern die Kleinen sehn;
Für ewig will ich zu ihm gehn,
Um sie nur zu erlösen.

Doch sag's nicht meinem Mütterlein,
Sie darf nun nicht mehr traurig sein,
Sonst klagt und weint sie immer – –!‹«
Der Priester es im Arme hält:
»Dich segne Gott im Himmelszelt,
Nun sollst du weinen nimmer!«

Die Schneekönigin

Die Wogen des Sundes
Schlafen an der gefrorenen Küste.

Esaias Tegnér

Hoch liegt der weiße Schnee auf dem Feld;
Das Fenster der Hütte allein ist erhellt,
Dort wartet das Mädchen im Lampenschein
Auf den Liebsten sein.

Nun schweiget die Mühle, und still steht das Rad.
Da kämmt sich der Knappe; hinaus auf den Pfad
Läuft er und springet, mit Hei! und Juchhe!
Durch Eis und Schnee.

Er singt um die Wette mit Wetter und Wind,
Seine Wangen von Freude gerötet sind.
Auf schwarzem Gewölk übers Feld reitet hin
Die Schneekönigin.

»Du bist mir der Schönste im Schneelicht heut Nacht;
Schon hab ich dich zu meinem Liebsten gemacht,
Komm mit mir zur schwimmenden Insel im Schnee
Über Berg und See!«

Die Schneeflocken fallen so düster und dicht.
»Dem Netz meiner Blumen entkommst du nicht!
Wo der Schnee sich türmt und zu Kissen verweht,
Das Brautbett steht!«

Nirgends ein Licht, das die Nacht erhellt;
Im Tanz wirbelt weiß der Schnee übers Feld,
Eine Sternschnuppe, sieh, durch die Wolken zischt –
Und erlischt.

Weit leuchtet die Sonne, der Schnee verweht;
Der Knappe schläft süß, wo das Brautbett steht.
Das Mädchen eilt bang auf dem Mühlenpfad,
Doch still steht das Rad.

Das Schloss der Schneekönigin

Wenn Andersens Märchen zu Weihnachten dazu gehören, dann darf auch seine »Schneekönigin« nicht fehlen, sein wohl bekanntestes und zugleich komplexestes Wintermärchen: Die Nachbarskinder Gerda und Kay sind enge Freunde, doch eines Tages dringt ein verzauberter Splitter in Kays Herz und verwandelt es zu Eis. Kay folgt daraufhin der Schneekönigin in ihr Reich – und Gerda begibt sich auf die Suche nach ihm. Eine Krähe erzählt ihr von einer Prinzessin, die einen einfachen Jungen geheiratet haben soll. In der Hoffnung, Kay wiederzufinden, begeben sie sich gemeinsam zum Schloss der Prinzessin. Doch es war nicht Kay, den die Prinzessin geheiratet hat. Aus Mitleid erhält Gerda eine goldene Kutsche und warme Kleidung. So führt sie ihre Suche fort und gerät schließlich in die Hände von Räubern. Doch auch aus dieser Zwickmühle findet sie einen Ausweg: Als sie dem Räubermädchen von Kay erzählt, möchte es Gerda zur Flucht verhelfen und schenkt ihr ein sprechendes Rentier, das den Weg nach Lappland kennt und weiß, wo sich das Schloss der Schneekönigin befindet.

Die Lappenfrau und die Finnenfrau

Sie hielten an einem kleinen Haus; das war so kümmerlich; das Dach ging bis zur Erde, und die Tür war so niedrig, dass die ganze Familie auf dem Bauch kriechen musste, wenn sie heraus- oder hineinwollten. Es war niemand zu Hause außer einer alten Lappenfrau, die bei einer Tranlampe Fisch briet; und das Rentier erzählte Gerdas ganze Geschichte, aber seine eigene zuerst, denn es meinte, die sei noch viel wichtiger, und Gerda war so erschöpft vor Kälte, dass sie nicht reden konnte.

»Ach, ihr Ärmsten!«, sagte die Lappenfrau. »Da habt ihr noch weit zu laufen! Ihr müsst über hundert Meilen in die Finnmark hinein, denn dahin hat sich die Schneekönigin aufs Land zurückgezogen und zündet jeden Abend wieder ihr blaues Licht an. Ich will euch ein paar Zeilen auf einen gedörrten Klippfisch schreiben, Papier habe ich nicht, den will ich euch mitgeben für die Finnenfrau da oben, die kann euch besser Bescheid geben als ich!«

Und als Gerda sich wieder aufgewärmt und zu essen und zu trinken bekommen hatte, schrieb die Lappenfrau ein paar Zeilen auf einen gedörrten Klippfisch, bat Gerda, gut auf den achtzugeben, band sie wieder auf dem Rentier fest, und das sprang davon. »Piff! Piff!«, sagte es oben in der Luft, die ganze Nacht hindurch brannten die herrlichsten blauen Nordlichter; – und dann kamen sie zur Finnmark und klopften am Schornstein der Finnenfrau an, denn sie hatte nicht mal eine Tür.

Da drinnen war eine solche Hitze, dass die Finnenfrau selbst fast nackt herumlief; klein war sie und ganz verdreckt; sie band der kleinen Gerda gleich die Kleider auf, nahm ihr die Fausthandschuhe und die Stiefel ab, weil es ihr sonst zu heiß geworden wäre, legte dem Rentier ein Stück Eis auf den Kopf und las dann, was auf dem Klippfisch stand; sie las es dreimal, dann konnte sie es auswendig und steckte den Fisch in den Essenstopf, denn den konnte man noch gut essen, und sie ließ nie etwas verkommen.

Nun erzählte das Rentier zuerst seine Geschichte und

dann die der kleinen Gerda, und die Finnenfrau zwinkerte mit den klugen Augen, sagte aber nichts.

»Du bist so klug«, sagte das Rentier; »ich weiß, du kannst alle Winde auf der Welt in einen Nähfaden binden; wenn der Seemann den ersten Knoten löst, bekommt er guten Wind, löst er den anderen, dann bläst eine steife Brise, und löst er den dritten und den vierten, dann stürmt es, dass die Wälder umfallen. Willst du nicht dem Mädchen einen Trank geben, dass sie so stark wird wie zwölf Mann und die Schneekönigin überwinden kann?«

»Stark wie zwölf Mann!«, sagte die Finnenfrau. »O ja, das wird wohl reichen!«. Und dann ging sie zu einem Wandbrett hinüber, nahm eine große aufgerollte Lederhaut herunter, und die rollte sie auseinander; es standen wunderliche Buchstaben darauf, und die Finnenfrau las, bis ihr das Wasser die Stirn herunterlief.

Aber das Rentier bat wieder so inständig für die kleine Gerda, und Gerda sah mit so bittenden Augen, voller Tränen, die Finnenfrau an, dass diese wieder mit ihren zu zwinkern begann und das Rentier in eine Ecke zog, wo sie ihm zuflüsterte, während es frisches Eis auf den Kopf bekam:

»Der kleine Kay ist zwar bei der Schneekönigin und findet dort alles nach seinen Wünschen und Gedanken und meint, es sei der beste Teil der Welt, aber das kommt daher, dass er einen Glassplitter ins Herz bekommen hat und ein kleines Glaskörnchen ins Auge; die müssen zuerst heraus, sonst wird er nie zum Menschen, und die Schneekönigin behält die Macht über ihn!«

»Aber kannst du nicht der kleinen Gerda etwas eingeben, dass sie Macht über das Ganze bekommt?«

»Ich kann ihr keine größere Macht geben als die, die sie jetzt schon hat! Siehst du nicht, wie groß die ist? Siehst du nicht, wie Menschen und Tiere ihr dienen müssen, wie sie auf bloßen Füßen so gut in der Welt vorangekommen ist? Sie darf von uns nichts über ihre Macht wissen, die sitzt ihr im Herzen, die sitzt darin, dass sie ein süßes unschuldiges Kind ist. Wenn sie nicht selber zur Schneekönigin hineinkommen und das Glas aus dem kleinen Kay herausbekommen kann, dann können wir auch nicht helfen! Zwei Meilen von hier beginnt der Schlossgarten der Schneekönigin, dahin kannst du das kleine Mädchen tragen; setz sie an dem großen Busch ab, der mit seinen roten Beeren im Schnee steht, halt dich nicht lange mit Papperlapapp auf und sieh zu, dass du schnell zurück bist!« Und dann hob die Finnenfrau die kleine Gerda auf das Rentier, das lief, so schnell es konnte.

»Oh, ich hab meine Stiefel nicht mit! Ich hab meine Fausthandschuhe nicht mit!«, rief die kleine Gerda, das spürte sie in der schneidenden Kälte, aber das Rentier durfte nicht stehenbleiben, es lief, bis es zu dem großen Busch mit den roten Beeren kam; da setzte es Gerda ab, küsste sie auf den Mund, und da liefen dem Tier große, blanke Tränen über die Wangen, und dann lief es, so schnell es konnte, wieder zurück. Da stand die kleine Gerda ohne Stiefel, ohne Handschuhe, mitten in der furchtbaren eiskalten Finnmark.

Sie lief voran, so schnell sie konnte; da kam ein ganzes Regiment von Schneeflocken; aber die fielen nicht vom Himmel, der war ganz klar und leuchtete vom Nordlicht; die Schneeflocken liefen zu ebener Erde dahin, und je näher sie kamen, umso größer wurden sie; Gerda erinnerte sich wieder, wie groß und kunstvoll sie ausgesehen hatten, damals als sie die Schneeflocken durch das Brennglas betrachtet hatte, aber hier waren sie wirklich auf ganz andere Weise groß und furchtbar, die waren lebendig, das waren die Vorposten der Schneekönigin; sie hatten die wunderlichsten Gestalten; manche sahen aus wie ekelhafte große Igel, andere wie ineinander verknäuelte Schlangen, die ihre Köpfe hervorstreckten, und andere wie kleine dicke Bären mit gesträubten Haaren, alle leuchteten weiß, alle waren sie lebendige Schneeflocken.

Da betete die kleine Gerda ihr Vaterunser, und die Kälte war so stark, dass sie ihren eigenen Atem sehen konnte; ganz wie ein Rauch stand er ihr aus dem Mund; der Atem wurde dichter und dichter und er formte sich zu kleinen hellen Engeln, die mehr und mehr wuchsen, sobald sie die Erde berührten; und alle hatten sie Helme auf dem Kopf und Speere und Schilde in den Händen; sie wurden mehr und mehr, und als Gerda ihr Vaterunser beendet hatte, war da eine ganze Legion um sie her; die hieben mit ihren Speeren in die großen Schneeflocken, dass sie in hundert Stücke zersprangen, und die kleine Gerda ging ganz sicher und keck geradeaus. Die Engel tippten ihr auf die Füße und auf die Hände, und da empfand sie weniger, wie kalt es war, und ging rasch voran zum Schloss der Schneekönigin.

Aber nun wollen wir zuerst sehen, wie es Kay ergeht. Er dachte ganz gewiss nicht an die kleine Gerda, und am allerwenigsten dachte er, dass sie draußen vor dem Schloss stand.

Was sich im Schloss der Schneekönigin zutrug und was seither geschah

Die Wände des Schlosses waren aus stiebendem Schnee und die Fenster und Türen aus den schneidenden Winden; da waren über hundert Säle, je nachdem wie der Schnee stob, der größte dehnte sich über viele Meilen, alle beleuchtet vom starken Nordlicht, und die waren so groß, so leer, so eisig kalt und so glänzend. Niemals gab es hier das kleinste Vergnügen, nicht einmal einen kleinen Bären-Ball, wo der Sturm zum Tanz aufblasen und die Eisbären auf den Hinterbeinen gehen und feine Manieren haben konnten; niemals eine kleine Spielgesellschaft mit Maulschellen und Lappentanz; niemals auch nur ein kleines bisschen Kaffeeklatsch der weißen Fuchs-Fräuleins; leer, groß und kalt war es in den Sälen der Schneekönigin. Die Nordlichter flackerten so genau auf, dass man mitzählen konnte, wann sie am höchsten und wann am niedrigsten Punkt angelangt waren. Mitten in dem leeren unendlichen Schneesaal gab es einen gefrorenen See; der war in tausende Stücke zersplittert, aber jedes Stück glich so akkurat dem anderen, dass es ein vollkommenes Kunststück war; und mitten darauf saß die Schneekönigin, wenn sie zu Hause war, und dann sagte sie, dass sie im Spiegel des Verstandes sitze und dass dies das einzige und das beste in dieser Welt sei.

Der kleine Kay war ganz blau vor Kälte, ja fast schwarz, aber er spürte es doch nicht, denn sie hatte ihm ja den Kälteschauder weggeküsst, und sein Herz war so gut wie ein Eisklumpen. Er ging umher und schleppte einige scharfe flache Eisstücke, die er auf alle möglichen Weisen zusammenlegte, denn er wollte etwas aus ihnen herausbekommen; es war so, wie wenn wir anderen kleine Holzplatten haben und diese zu Figuren legen, die man das chinesische Spiel nennt. Kay ging auch hin und legte Figuren, die allerkunstvollsten, das war das *Eisspiel des Verstandes*, in seinen Augen waren die Figuren ganz vorzüglich und von der allerhöchsten Wichtigkeit; das machte das Glaskörnchen, das ihm im Auge saß! Er legte ganze Figuren, die ein geschriebenes Wort waren, aber niemals wollte ihm das Wort gelingen, auf das es ihm gerade ankam, das Wort: *Ewigkeit*, und die Schneekönigin hatte gesagt: »Wenn du mir diese Figur herausbekommst, dann sollst du dein eigener Herr sein, und ich schenke dir die ganze Welt und ein Paar neuer Schlittschuhe!« Aber er konnte nicht.

»Jetzt sause ich in die warmen Länder!«, sagte die Schneekönigin. »Ich will einen Blick in die schwarzen Kessel werfen!« – Das waren die feuerspeienden Berge, der Ätna und der Vesuv, wie man sie nennt. – »Ich werde sie etwas einweißen, das gehört dazu! Das tut gut, wenn es sich auf die Zitronen und Weintrauben legt!«, und dann flog die Schneekönigin, und Kay saß ganz allein in dem viele Meilen großen leeren Eissaal und sah auf die Eisstücke und dachte und dachte, dass es in ihm knackte, ganz steif und stille saß er, man hätte glauben können, er sei erfroren.

Da geschah es, dass die kleine Gerda ins Schloss eintrat, durch das große Tor, das waren schneidende Winde; aber sie sprach ein Abendgebet, und da legten die Winde sich, als wollten sie schlafen, und sie trat ein in die großen, leeren, kalten Säle – da sah sie Kay, sie erkannte ihn, sie flog ihm um den Hals, hielt ihn so fest und rief: »Kay! Süßer kleiner Kay! So hab ich dich doch gefunden!«

Aber er saß ganz still da, steif und kalt; – da weinte die

kleine Gerda heiße Tränen, die fielen auf seine Brust, die drangen in sein Herz ein, die tauten den Eisklumpen auf und verzehrten den kleinen Spiegelsplitter; er sah sie an und sie sang das Kirchenlied:

»Im Tal die Rosen blühen fort und fort,
Da kommt zu uns vom Jesuskind das Wort!«

Da brach Kay in Tränen aus; er weinte, dass das Spiegelkörnchen aus seinem Auge kullerte, er erkannte sie und jubelte: »Gerda! Süße kleine Gerda! – Wo bist du denn so lange gewesen? Und wo bin ich gewesen?« Und er sah sich rings um. »Wie ist es hier kalt! Wie ist es leer und groß!« Und er hielt sich an Gerda fest, und sie lachte und weinte vor Freude; das war so gesegnet, dass selbst die Eisstücke vor Freude ringsherum tanzten, und als sie müde waren und sich niederlegten, da formten sie ebenjene Buchstaben, von denen die Schneekönigin gesagt hatte, dass er sie herausbekommen sollte, dann wäre er sein eigener Herr, und sie wolle ihm die ganze Welt geben und ein Paar neuer Schlittschuhe.

Und Gerda küsste seine Wangen, und sie erblühten; sie küsste seine Augen, und sie leuchteten wie ihre, sie küsste seine Hände und Füße, und er war gesund und frisch. Sollte die Schneekönigin doch nach Hause kommen: Sein Freibrief stand da geschrieben mit schimmernden Eisstücken.

Und sie fassten einander bei der Hand und wanderten aus dem großen Schloss hinaus; sie sprachen von Großmutter und von den Rosen oben auf dem Dach; und wo sie gingen, lagen die Winde ganz still und die Sonne brach hervor; und als sie zu dem Busch mit den roten Beeren kamen, stand da das Rentier und wartete; das hatte ein anderes junges Ren bei sich, dessen Euter gefüllt war, und das gab den Kleinen seine warme Milch und küsste sie auf den Mund. Dann trugen sie Kay und Gerda zuerst zur Finnenfrau, wo sie sich in der heißen Stube aufwärmten und Bescheid für die Heimreise bekamen, dann zur Lappenfrau, die ihnen neue Kleider genäht und ihren Schlitten instand gesetzt hatte.

Und das Rentier und das junge Ren sprangen an ihrer Seite einher und begleiteten sie, geradewegs bis zur Landesgrenze, da lugte das erste Grün hervor, da nahmen sie Abschied vom Rentier und von der Lappenfrau. »Lebewohl!«, sagten sie allesamt. Und die ersten kleinen Vögel begannen zu zwitschern, der Wald hatte grüne Knospen, und heraus aus ihm kam auf einem prächtigen Pferd, das Gerda erkannte (es war vor die Goldkutsche gespannt gewesen), ein junges Mädchen geritten, mit leuchtend roter Kopfhaube und Pistolen vor sich; das war das kleine Räubermädchen, das es leid war, zu Hause zu bleiben, und nun zuerst Richtung Norden und dann in eine andere Gegend wollte, falls sie nicht recht vergnügt sein sollte. Sie erkannte gleich Gerda, und Gerda erkannte sie, das war eine Freude.

»Du bist ja ein feiner Knabe, so in der Welt herumzustiefeln!«, sagte sie zum kleinen Kay. »Ich möchte wissen, ob du es verdienst, dass man deinetwegen bis ans Ende der Welt läuft!«

Aber Gerda streichelte ihre Wangen und fragte nach Prinz und Prinzessin.

»Die sind in fremde Länder gereist!«, sagte das Räubermädchen.

»Aber die Krähe?«, fragte die kleine Gerda.

»Ja, die Krähe ist tot!«, antwortete sie. »Die zahme Geliebte ist Witwe geworden und trägt einen schwarzen Wollflicken am Bein; sie klagt jämmerlich, und das Ganze ist närrisch! – Aber jetzt erzähl mir, wie es dir ergangen ist, und wie du ihn hier zu fassen gekriegt hast!«

Und Gerda und Kay erzählten alle beide.

»Und Schnipp-schnapp-schnurre-basselurre!«, sagte das Räubermädchen, nahm sie beide bei der Hand und versprach, dass sie, wenn sie einmal durch ihre Stadt käme, kommen und sie besuchen wollte, und dann ritt sie hinaus in die weite Welt, aber Kay und Gerda gingen Hand in Hand, und wie sie gingen, war es ein wunderbarer Frühling mit Blumen und Grün; die Kirchenglocken klangen, und sie erkannten die hohen Türme, die große Stadt, das war die, in der sie wohnten, und in die gingen sie hinein und bis zu Großmutters Tür, die Treppe hinauf, in die Stube hinein, wo alles noch am selben Platz stand wie zuvor, und die Uhr sagte: »tick! tick!«, und der Zeiger drehte sich; aber indem sie durch die Tür gingen, merkten sie, dass sie erwachsene Menschen geworden waren. Die Rosen aus der Dachrinne blühten zu den offenen Fenstern herein, und da standen die kleinen Kinderstühlchen, und Kay und Gerda setzten sich jeweils auf ihres und hielten einander bei der Hand, wie einen schweren Traum hatten sie die kalte leere Herrlichkeit bei der Schneekönigin vergessen. Großmutter saß in Gottes hellem Sonnenschein und las laut aus der Bibel vor:

»Wenn ihr nicht werdet wie die Kinder, kommt ihr nicht in Gottes Reich!«

Und Kay und Gerda sahen einander in die Augen, und da verstanden sie auf einmal das alte Kirchenlied:

»Im Tal die Rosen blühen fort und fort,
Da kommt zu uns vom Jesuskind das Wort!«

Da saßen die beiden, zwei Erwachsene und doch Kinder, Kinder im Herzen, und es war Sommer, der warme, gesegnete Sommer.

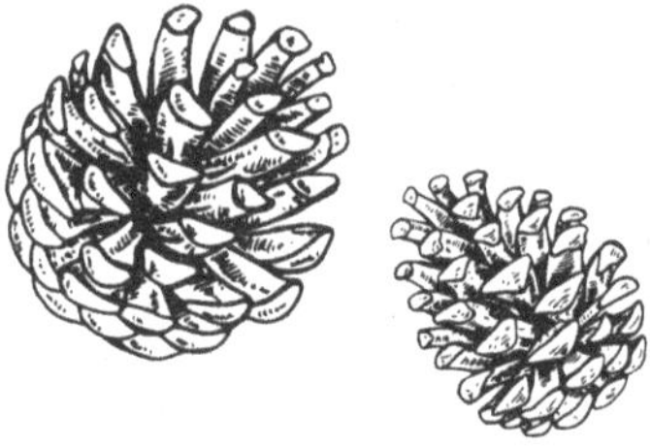

Verzeichnis der Texte und Druckvorlagen

Die Texte der vorliegenden Ausgabe folgen – unter behutsamer Angleichung an die neue Rechtschreibung – den hier verzeichneten Editionen; in den Textnachweisen werden sie jeweils mit den angegebenen Titelsiglen abgekürzt zitiert. Die mit * gekennzeichneten Titel wurden vom Verlag formuliert.

G Hans Christian Andersen: Gedichte. Hrsg. von Rose Silberer. Artur Wolf Verlag: Wien/Leipzig 1921.

GW Hans Christian Andersen: Gesammelte Werke. Band 24: Neue Märchen und Geschichten. Verlag Joh. Fr. Hartknoch: Leipzig 1875.

MG Hans Christian Andersen: Märchen und Gedichte. Hrsg. und übers. von Heinrich Detering. Reclam: Stuttgart 2012.

ML Hans Christian Andersen: Das Märchen meines Lebens. Band 1 und 2. Hrsg. v. Emil J. Jonas. E. Bichteler & Co.: Berlin 1879.

SM Hans Christan Andersen: Sämtliche Märchen. Übers. von Julius Reuscher. Abel u. Müller: Leipzig um 1900.

Weihnachten mit Andersen

8 ML 1 | 9 MG 162f.

Schneegestöber

11 MG 166 | 13 MG 354–360 | 21 G 52–65 | 24 G 99

Träume der Weihnachtszeit

25 MG 169 | 27 MG 267–273 | 35 MG 54 f. | 37 *MG 406 f. | 39 SM 416 | 40 MG 149–159 | 52 ML 176

Kerzenschein und Tannenduft

53 MG 183 | 55 *ML 293 | 57 *ML 139 | 59 GW 4| 60 *ML 373

Eisiger Winter, warmes Herz

63 MG 193 | 65 MG 236–243 | 71 G 49–51 | 73 MG 160f. | 76 *MG 191–199